EL CUERPO HUMANO EN 30 SEGUNDOS

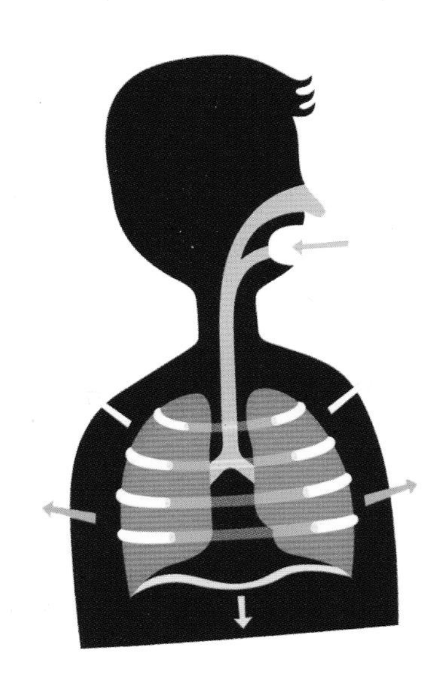

TÍTULO ORIGINAL *The Human Body in 30 seconds*

EDICIÓN Hazel Songhurst, Cath Senker, Susan Kelly
Judith Chamberlain-Webber

DIRECCIÓN CREATIVA Y ARTÍSTICA Peter Bridgewater, Kim Hankinson

DISEÑO Hanri Shaw

ILUSTRACIONES Wesley Robins

TRADUCCIÓN Margarita Gutiérrez Maruel, médico-homeópata

COORDINACIÓN DE LA EDICIÓN EN LENGUA ESPAÑOLA
Cristina Rodríguez Fischer

Primera edición en lengua española 2015
Reimpresión 2017

Carrer de les Alberes, 52, 2.° Vallvidrera, 08017 Barcelona
Tel. 93 205 40 00 e-mail: info@blume.net

I.S.B.N.: 978-84-9801-816-5

Impreso en China

WWW.BLUME.NET

Preservamos el medio ambiente. En la producción de nuestros libros procuramos, con el máximo empeño, cumplir con los requisitos medioambientales que promueven la conservación y el uso responsable de los bosques, en especial de los bosques primarios. Asimismo, en nuestra preocupación por el planeta, intentamos emplear al máximo materiales reciclados, y solicitamos a nuestros proveedores que usen materiales de manufactura cuya fabricación esté libre de cloro elemental (ECF) o de metales pesados, entre otros.

EL CUERPO HUMANO EN 30 SEGUNDOS

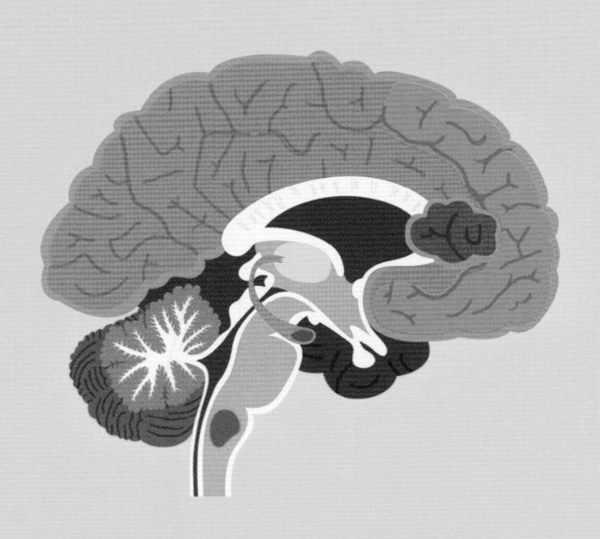

BLUME

Anna Claybourne

Contenido

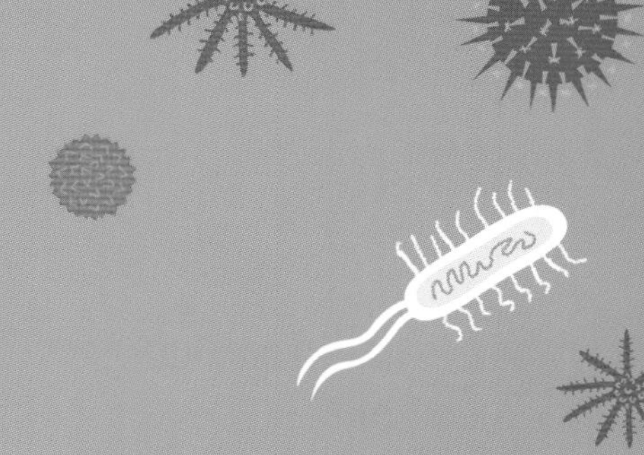

Acerca de este libro
... en 60 segundos

El cuerpo humano es una sorprendente máquina increíblemente compleja que vive y respira, ¡y todos nosotros tenemos uno!

Estés donde estés, hagas lo que hagas, vives en tu cuerpo –24 horas al día, cada día de tu vida–. Cuenta con los sentidos para informarte de lo que ocurre a tu alrededor, un cerebro para pensar y tomar decisiones y músculos para moverse. Consume alimentos y oxígeno, y los convierte en energía para mantenerte activo.

Tu corazón, tu respiración, el control de la temperatura y el aparato digestivo trabajan sin cesar para que estés vivo, incluso cuando duermes. Tu cuerpo es capaz de repararse solo si se lesiona, y matar a los gérmenes que lo invaden.

Hemos estudiado el cuerpo humano durante miles de años. En el Antiguo Egipto preparaban los cadáveres para la momificación y el funeral. Descubrieron diferentes órganos y partes del cuerpo, como los pulmones, el cerebro o el apéndice. Desde entonces hemos estudiado qué función tiene la mayoría de las partes del cuerpo.

No obstante, seguimos conociendo cosas nuevas. Hace menos de 100 años, los científicos descubrieron cómo el ADN, una sustancia química que se encuentra en el interior de nuestras células, controla el funcionamiento y el crecimiento de nuestro cuerpo. Hace menos de diez años descubrimos que las yemas de nuestros dedos se arrugan en el agua para conseguir un mejor agarre en las superficies húmedas. Algunas cosas, como la manera en que el cerebro nos permite pensar, siguen siendo un misterio.

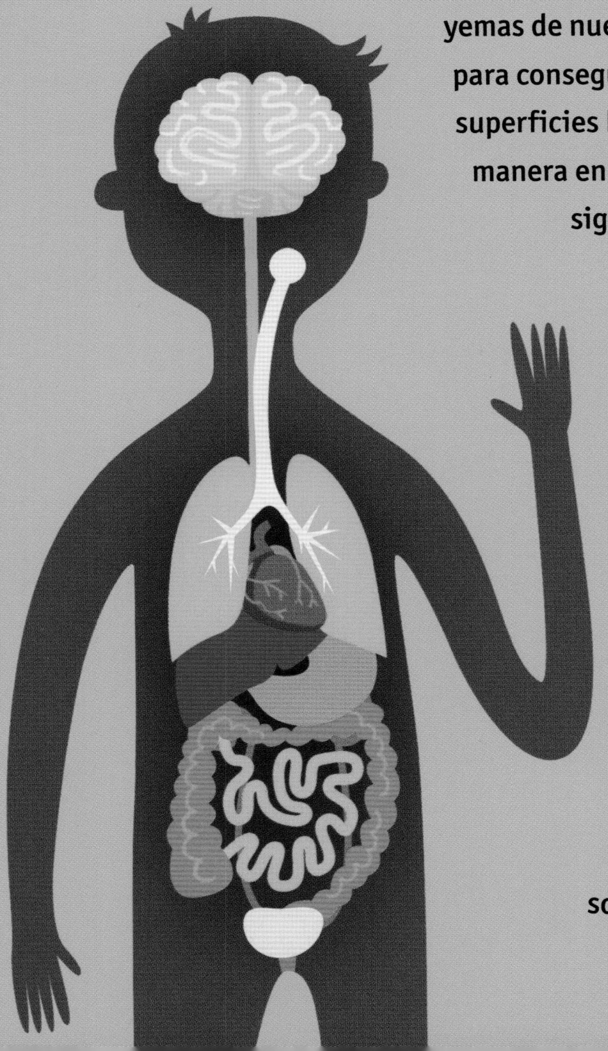

Los capítulos de este libro repasan todas las piezas, órganos y sorprendentes habilidades del cuerpo humano. Cada uno de los 30 temas se acompaña de un texto explicativo, así como de un resumen rápido en 3 segundos. Las misiones en 3 minutos proponen experimentos para que pongas a prueba tu propio cuerpo, de manera que puedas comprobar tú mismo cómo funciona tu sorprendente cuerpo.

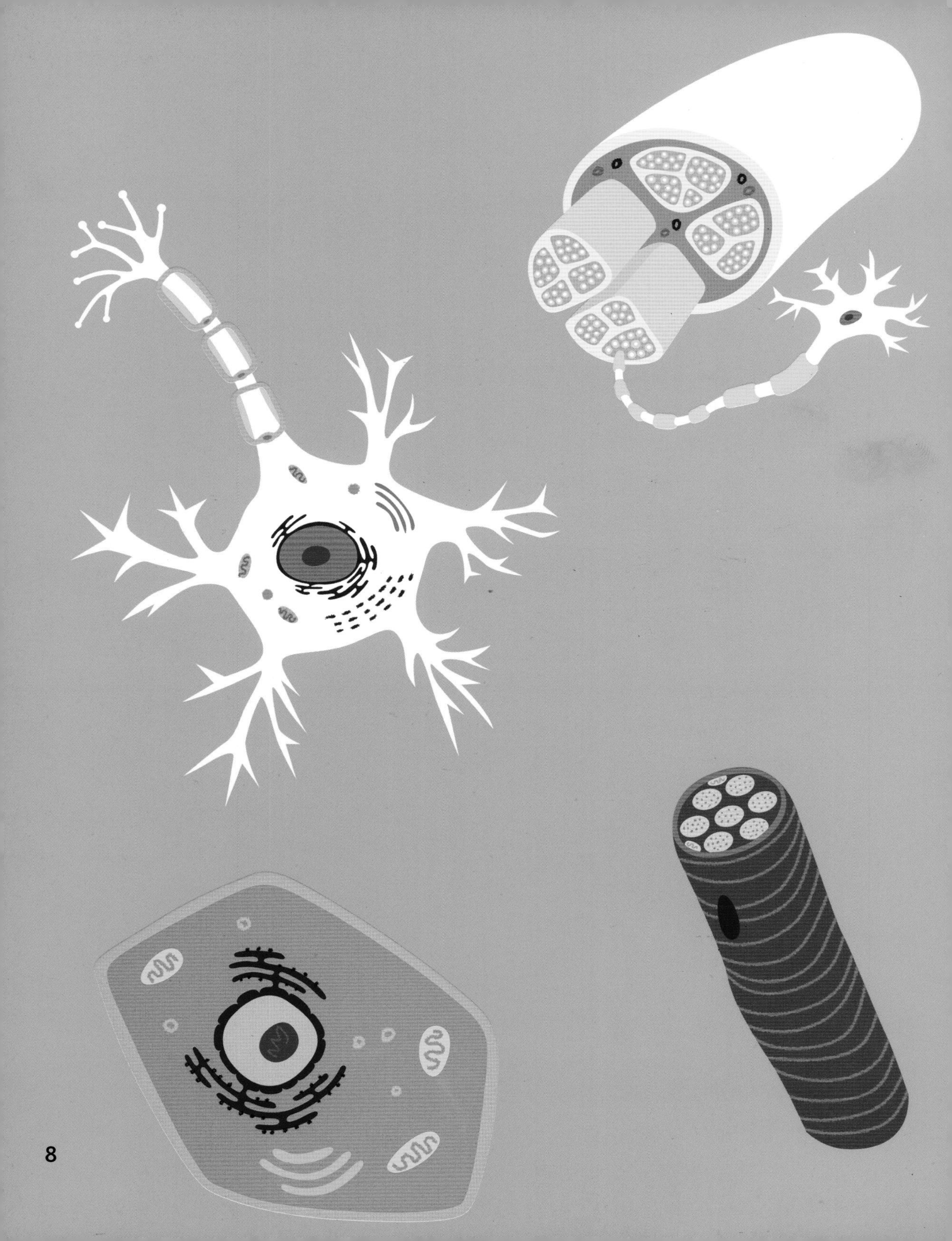

Piezas del cuerpo

Comparado con una montaña, un rascacielos o incluso un elefante puedes sentirte bastante pequeño. Pero en realidad eres un ser vivo, grande y complejo, constituido por millones de distintas partes funcionales. Como otros seres vivos, el cuerpo humano está formado por diminutas células. Estas se unen para formar los tejidos como la piel o el músculo, órganos como el estómago o el cerebro y sistemas como el aparato digestivo.

Piezas del cuerpo

Glosario

ameba Tipo de organismo unicelular. La mayoría carece de partes duras y tiene el aspecto de una burbuja de gelatina.

axón Porción filamentosa larga de una célula nerviosa a través de la cual se transmiten los mensajes.

bacteria Forma de vida diminuta que consta de una sola célula. Algunas bacterias causan enfermedades como la intoxicación alimentaria.

célula Una de las diminutas unidades que forman un ser vivo. Algunos organismos, como las **bacterias**, están constituidos por una única célula, mientras que otros constan de muchos millones de células.

citoplasma Líquido que llena el interior de la célula.

córtex La capa más externa del cerebro, que desempeña un importante papel en los procesos del pensamiento.

digestión Descomposición de los alimentos para que el organismo pueda utilizarlos.

gen Parte de la cadena de ADN que se encuentra en el interior del **núcleo** de la célula que contiene instrucciones para las células.

membrana Fina capa de tejido similar a la piel que se encuentra en diversas partes del cuerpo.

nervio Haces de fibras formadas por células nerviosas. Transportan señales de comunicación a lo largo de todo el cuerpo.

neurona Una de los millones de células nerviosas que forman el sistema nervioso y que transportan señales eléctricas a alta velocidad.

núcleo Situado entre el centro de la célula. Actúa como el cerebro de la célula y controla la forma en que esta funciona.

órgano Parte del cuerpo, como el corazón, formada por dos o más tejidos y con una o más funciones específicas.

orgánulo Uno de los diversos «pequeños órganos» del interior de la célula con una función específica, por ejemplo el núcleo.

tejido corporal Parte del cuerpo de un ser vivo formado por células similares, como el tejido cardíaco de tu corazón.

vitamina Sustancia natural presente en los alimentos, necesaria para crecer y mantenerse sano.

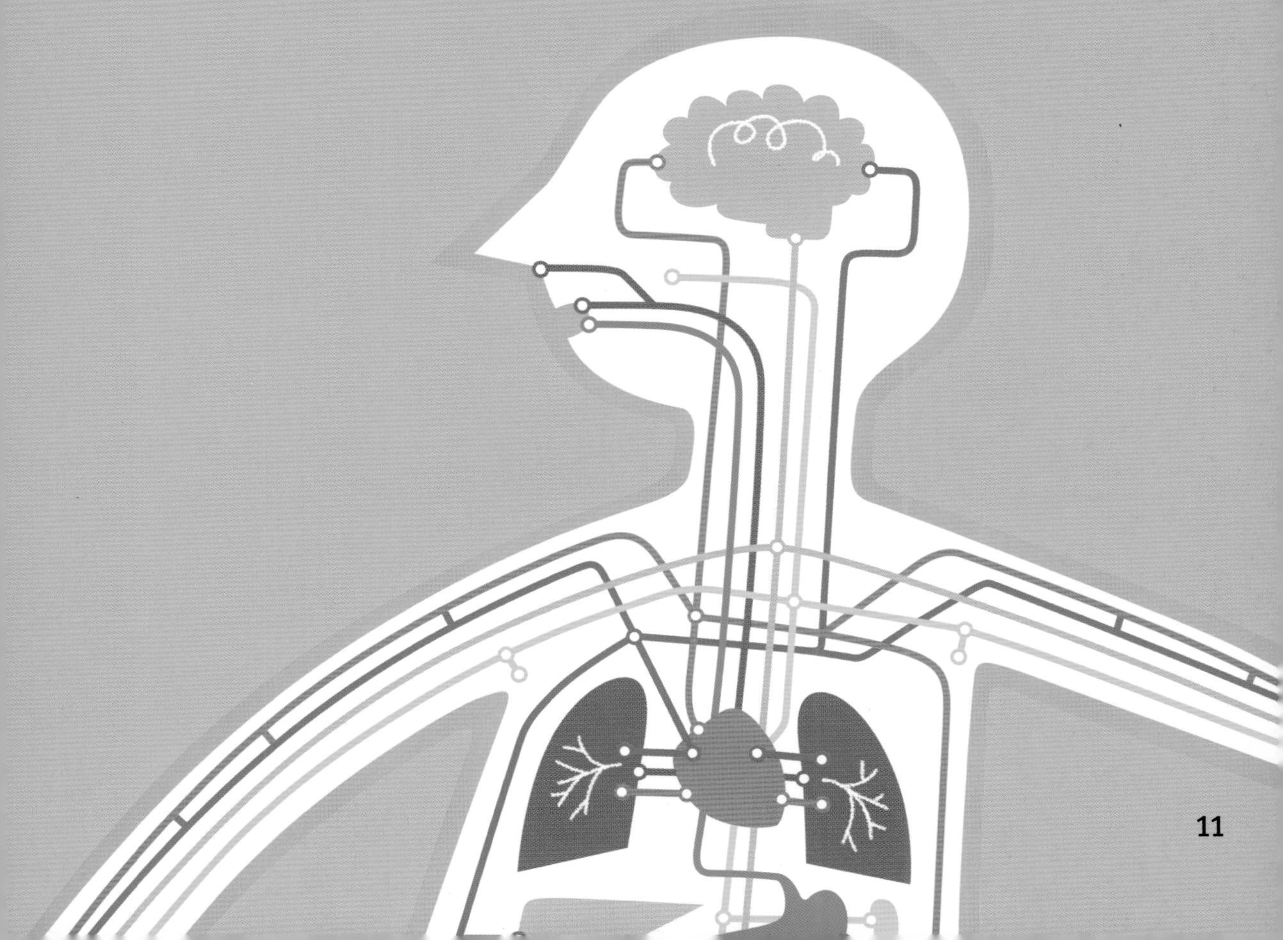

Células

... en 30 segundos

Las células son muy pequeñas –tan diminutas que la mayoría solo es visible bajo el microscopio–. Cada célula cuenta con su propia película protectora, la membrana celular, rellena del citoplasma, de naturaleza acuosa similar a la gelatina. Flotando dentro del citoplasma están los diminutos órganos de la célula, conocidos como orgánulos.

La mayor parte de las células cuenta con un cuartel general, el núcleo. En él se encuentran los genes, que controlan lo que hace la célula y su funcionamiento. No obstante, algunas células, como los glóbulos rojos, carecen de núcleo porque no lo necesitan.

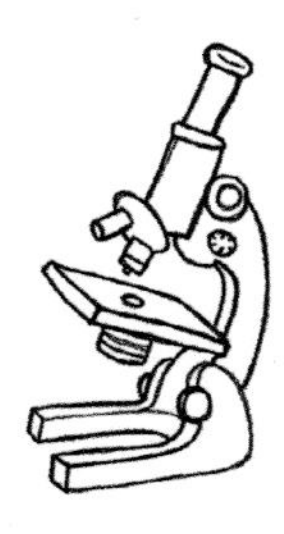

Las células del cuerpo humano no son todas iguales. De hecho, tenemos alrededor de 200 tipos diferentes, cada uno adaptado a una función determinada. Por ejemplo, los glóbulos rojos transportan el oxígeno, las células epiteliales forman capas de piel y las células especiales del cerebro y los nervios, llamadas neuronas, transmiten las señales a lo largo del cuerpo.

Además de hacer su propio trabajo, las células pueden agruparse para trabajar conjuntamente y formar partes del cuerpo de mayor tamaño.

Resumen en 3 segundos

El cuerpo humano está formado por millones de diminutas células.

¿Cuántas células?

¿Cuántas células tiene un ser vivo? Son demasiadas para contarlas, de manera que los científicos calculan el número a partir del peso corporal y el tipo.

- Algunas criaturas, como las bacterias o las amebas, tienen una sola célula.
- Una diminuta mosca de la fruta tiene un millón de células.
- Los humanos tenemos alrededor de 50–100 billones de células.
- Un elefante grande podría tener más de mil billones de células (1.000.000.000.000.000).

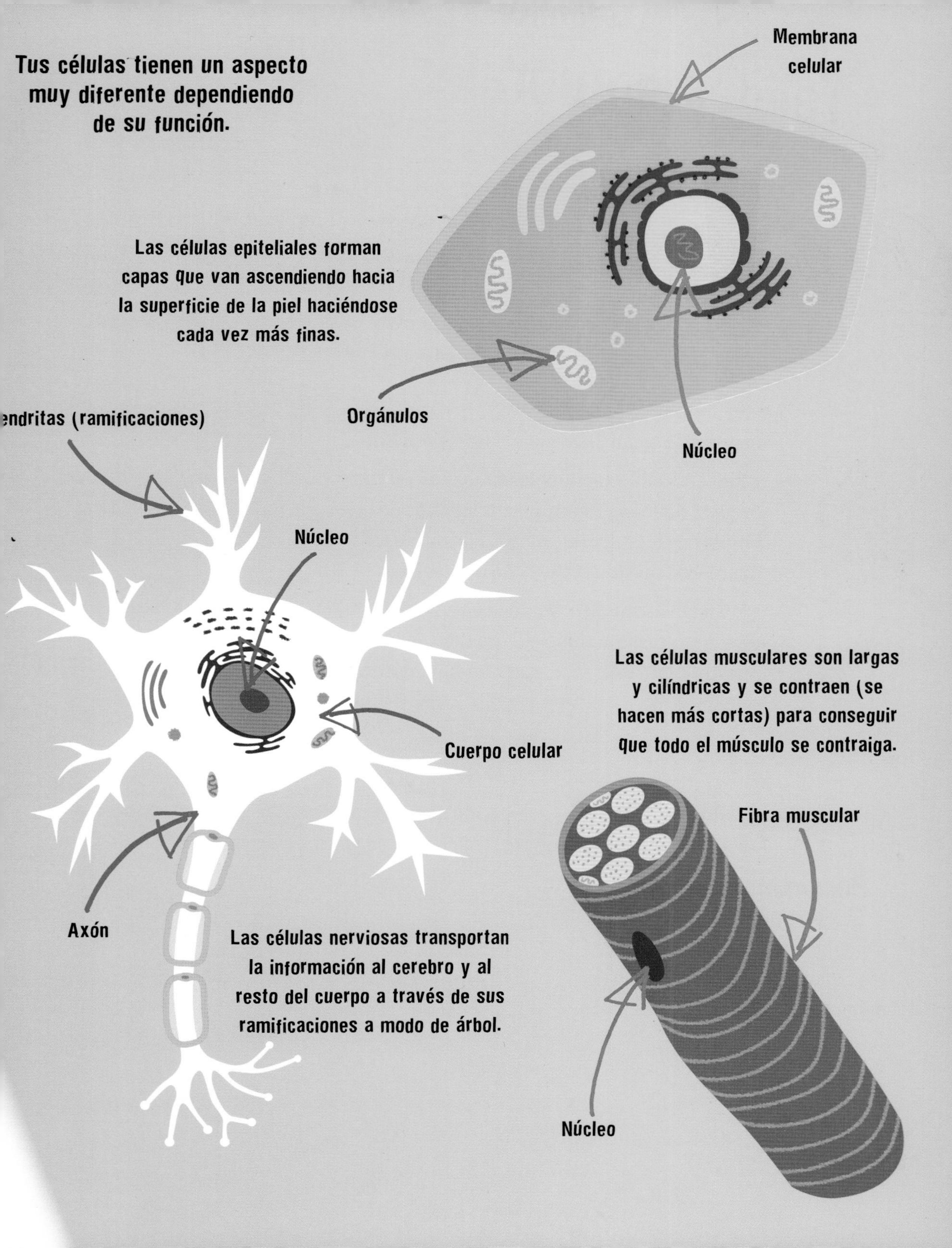
Tus células tienen un aspecto muy diferente dependiendo de su función.
Membrana celular
Las células epiteliales forman capas que van ascendiendo hacia la superficie de la piel haciéndose cada vez más finas.
Orgánulos
Núcleo
endritas (ramificaciones)
Núcleo
Cuerpo celular
Axón
Las células nerviosas transportan la información al cerebro y al resto del cuerpo a través de sus ramificaciones a modo de árbol.
Las células musculares son largas y cilíndricas y se contraen (se hacen más cortas) para conseguir que todo el músculo se contraiga.
Fibra muscular
Núcleo

Tejidos corporales

... en 30 segundos

Cuando observas una parte de tu cuerpo, como la mano, el pelo o la lengua, estás viendo millones y millones de células unidas para formar los tejidos corporales.

Si las células no se uniesen de esa manera no tendrías un cuerpo; serías simplemente un montón de células sobre el suelo y tu aspecto se asemejaría al de una sopa.

Las células crean diferentes tipos de tejidos:

- **Piel** Las células epiteliales forman la piel para cubrir el cuerpo y los órganos como el corazón y el estómago. Tejidos parecidos a la piel tapizan también el interior de los órganos como los intestinos. Las células epiteliales constituyen también el tejido del pelo y de las uñas.
- **Músculo** El músculo también es un tipo de tejido corporal formado por millones de células musculares. Contamos con músculos que cubren todo nuestro esqueleto y otros que forman parte de distintos órganos, como el estómago, los ojos o el corazón.
- **Tejido nervioso** Forma las vías nerviosas que recorren todo el cuerpo, así como el cerebro, para transmitir las señales entre las distintas partes del cuerpo.
- **Tejido conectivo** Este es el tejido que mantiene unidas las distintas partes del cuerpo. Por ejemplo, mantiene la piel pegada al cuerpo.

Resumen en 3 segundos

Las células se unen para crear los tejidos que forman las distintas partes del cuerpo.

Misión de 3 minutos
¡Mira con mayor detenimiento!

Necesitas: • un microscopio de mano o una lupa

No puedes ver muchos de tus tejidos porque están ocultos en tu interior. Utiliza la lupa o el microscopio para observar más detenidamente tu piel, tu pelo o tus uñas. ¿Qué aspecto tienen cuando los miras más de cerca? Dibújalos.

Los diferentes tejidos de tu cuerpo están formados por distintos tipos de células.

La piel está constituida por capas superpuestas de células epiteliales. Las células que forman la capa más externa están muertas.

Los nervios que transmiten las señales a lo largo de todo el cuerpo están formados por haces de células nerviosas que se agrupan muy juntas.

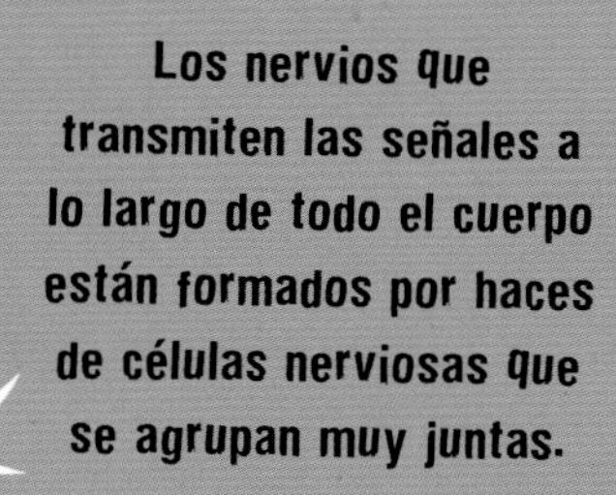

El músculo esquelético está formado por grupos de células musculares agrupadas en haces cilíndricos.

Órganos

... en 30 segundos

Cuando necesitas pensar, utilizas el cerebro; para respirar, empleas los pulmones, y para ver, usas los ojos.

Todos ellos son órganos –partes del cuerpo que realizan una función determinada–. Por lo general, los órganos están formados por diferentes tipos de células y tejidos. En total tienes alrededor de 80.

El órgano más complejo es el cerebro. Además de la corteza cerebral, o parte pensante, tiene otras partes que almacenan los recuerdos, te ayudan a mantener el equilibrio y controlan tu respiración y los latidos de tu corazón. ¡El cerebro está constituido por más de 100 billones de células!

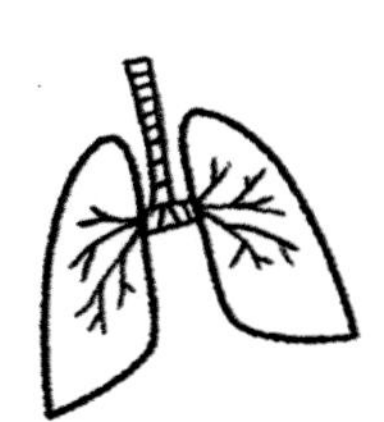

Otros órganos son menos complejos y solo cumplen una función. Los ojos captan los patrones lumínicos del exterior de tu cuerpo y los envían al cerebro. El estómago disuelve y tritura los alimentos. La vejiga urinaria es una bolsa elástica que almacena la orina hasta que vas al baño.

Algunos órganos realizan diversas funciones. El hígado, el órgano de mayor tamaño, desempeña alrededor de 500 funciones. Estas incluyen el almacenamiento de vitaminas, la formación de sustancias químicas que digieren los alimentos y el almacenamiento de energía para que las células la utilicen.

Resumen en 3 segundos

Los órganos son partes complejas del cuerpo que realizan funciones específicas.

Misión de 3 minutos Examen de órganos

Une el órgano con su función. Utiliza Internet si lo deseas.

Riñón	atrapa los gérmenes
Corazón	hace que suene la voz
Esófago	bombea la sangre
Pulmón	filtra los desechos de la sangre
Ganglio linfático	extrae el oxígeno del aire
Laringe	transporta los alimentos desde la garganta hasta el estómago

Solución en la página 96

Los órganos están constituidos por células y tejidos específicos que les ayudan a que cumplan con su cometido.

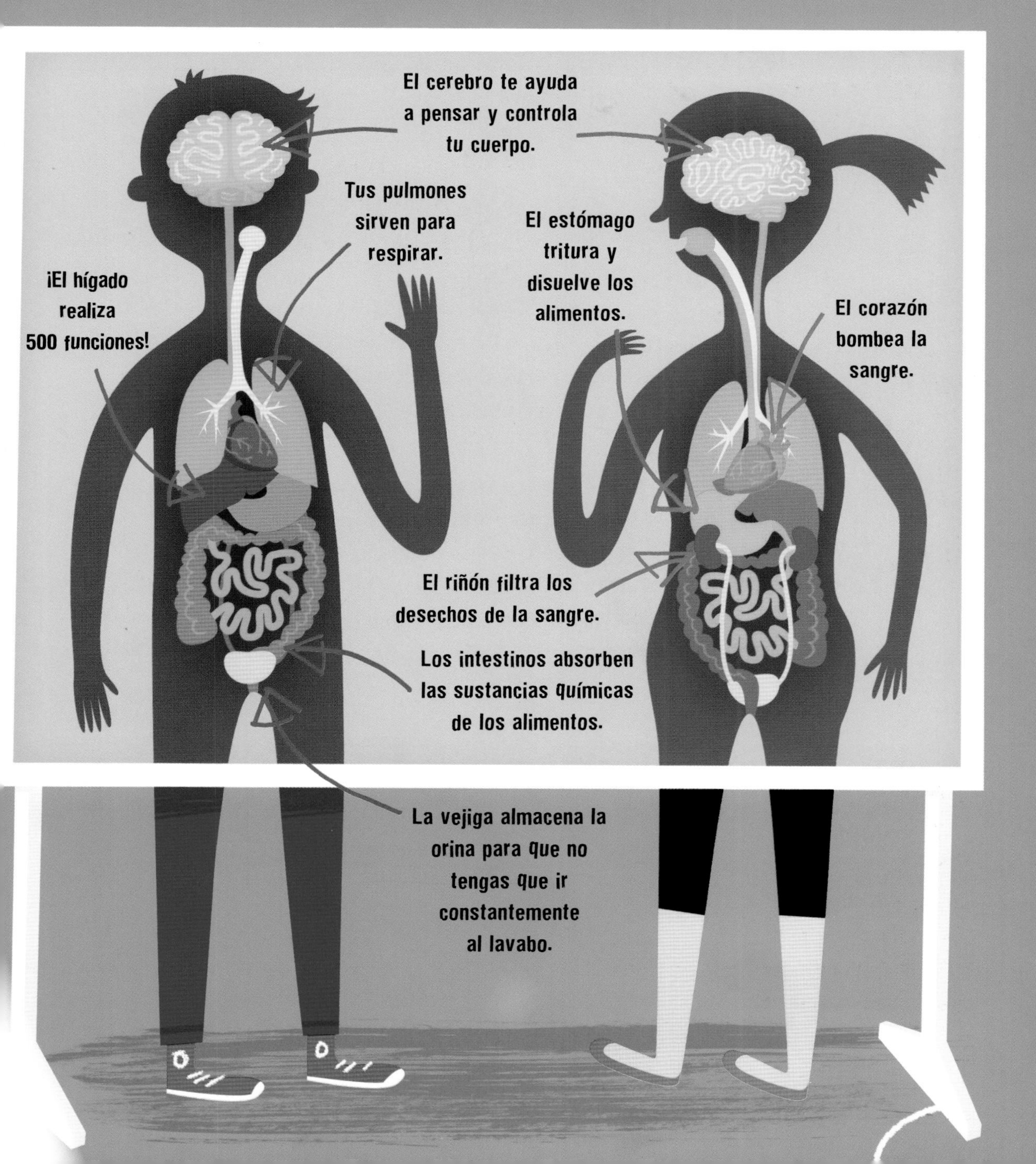

El cerebro te ayuda a pensar y controla tu cuerpo.
Tus pulmones sirven para respirar.
El estómago tritura y disuelve los alimentos.
¡El hígado realiza 500 funciones!
El corazón bombea la sangre.
El riñón filtra los desechos de la sangre.
Los intestinos absorben las sustancias químicas de los alimentos.
La vejiga almacena la orina para que no tengas que ir constantemente al lavabo.

Sistemas corporales

... en 30 segundos

Tu cuerpo se parece un poco a una bulliciosa gran ciudad, con muchísimas actividades que tienen lugar al mismo tiempo. Existen diversos sistemas independientes que se encargan de que todo funcione bien.

Una ciudad cuenta con un sistema de transporte, de suministro de alimentos y energía y sistemas de recogida de basuras, mensajería y gestión del peligro.

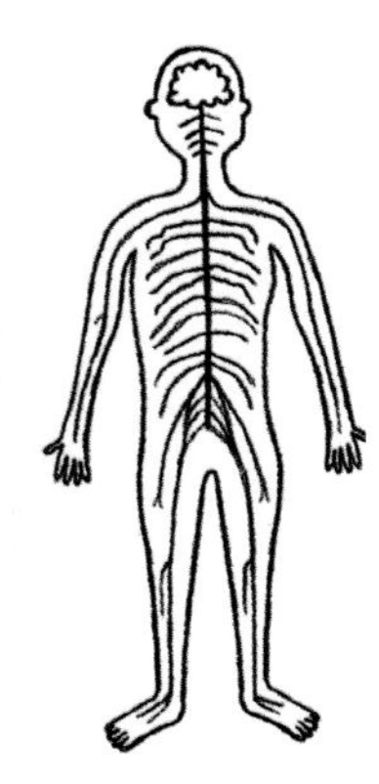

Así, por ejemplo, el aparato digestivo se ocupa de los alimentos. La boca los ingiere y mastica, la garganta los traga y el esófago los transporta hasta el estómago. Este tritura la comida, el intestino delgado absorbe las sustancias químicas útiles y el intestino grueso recoge los desechos.

El sistema nervioso es el sistema de mensajería del cuerpo, ya que transmite las señales entre los órganos de los sentidos, el cerebro y los músculos. El sistema circulatorio (corazón, sangre y vasos sanguíneos) es la red de transportes, puesto que conduce el oxígeno, los nutrientes y los medicamentos allí donde se necesitan. El sistema inmunitario es como un cuerpo de policía que nos protege de los gérmenes.

Resumen en 3 segundos

Los tejidos corporales y los órganos trabajan en grupos para formar los sistemas corporales.

Sistemas conectados

Si pudieras echar un vistazo al interior de tu cuerpo, no verías un gran número de sistemas claramente separados, sino una intrincada maraña de tubos, órganos y tejidos. Todos los sistemas corporales están conectados entre sí y enmarañados, y algunas partes del cuerpo intervienen en más de un sistema. Por ejemplo, utilizas la nariz tanto para respirar (aparato respiratorio) como para oler (sistema nervioso).

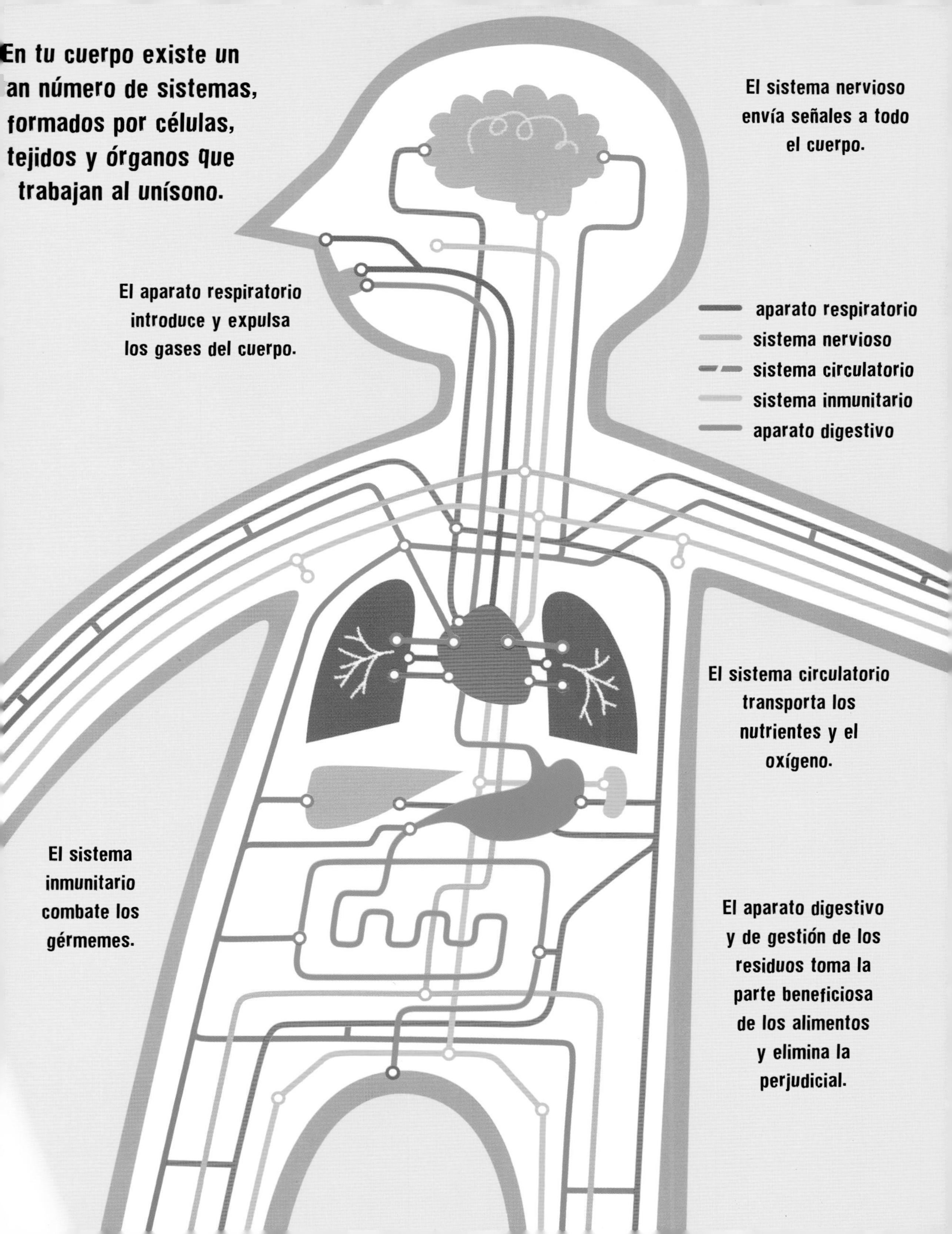
En tu cuerpo existe un
an número de sistemas,
formados por células,
tejidos y órganos que
trabajan al unísono.
El sistema nervioso
envía señales a todo
el cuerpo.
El aparato respiratorio
introduce y expulsa
los gases del cuerpo.
aparato respiratorio
sistema nervioso
sistema circulatorio
sistema inmunitario
aparato digestivo
El sistema circulatorio
transporta los
nutrientes y el
oxígeno.
El sistema
inmunitario
combate los
gérmemes.
El aparato digestivo
y de gestión de los
residuos toma la
parte beneficiosa
de los alimentos
y elimina la
perjudicial.

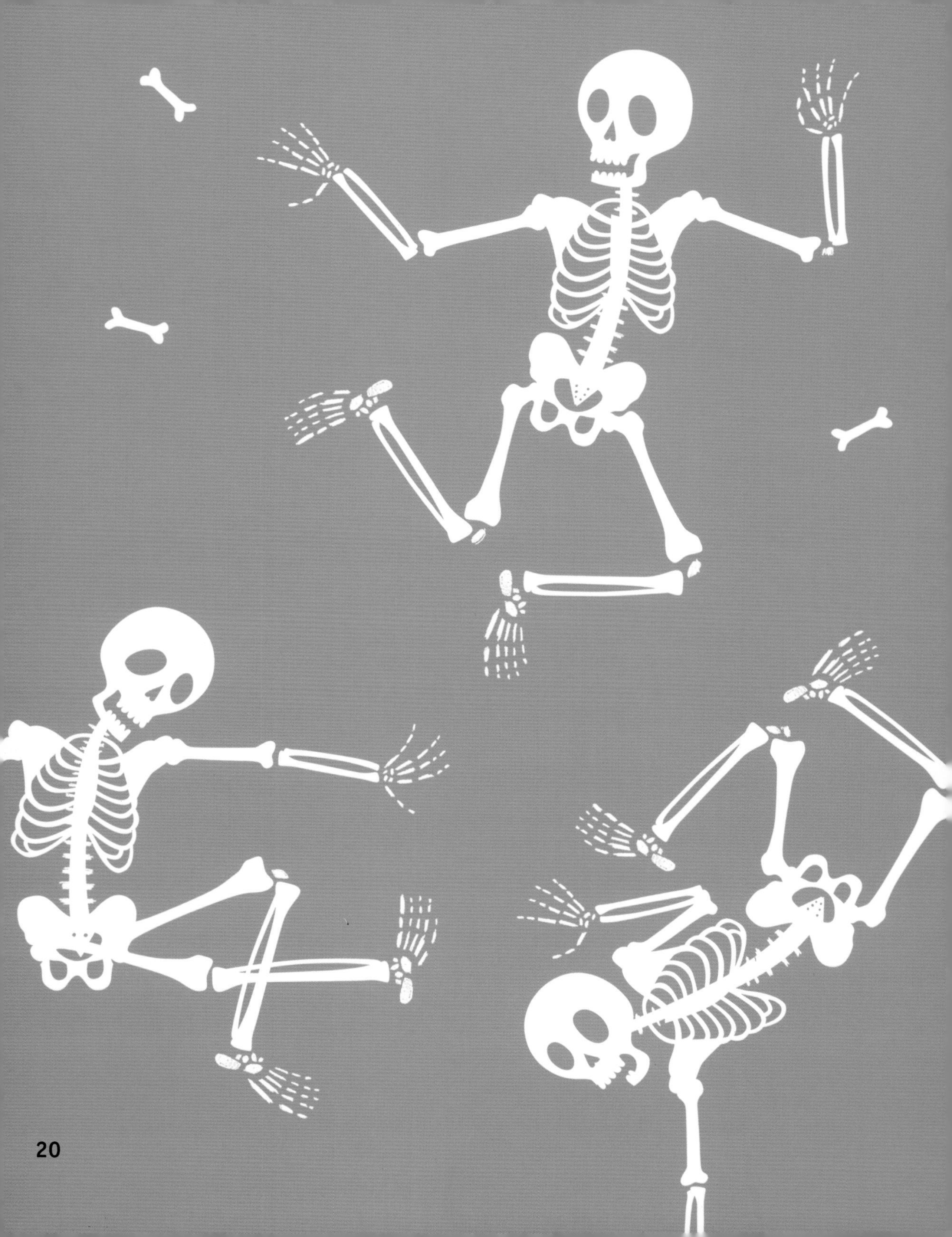

Estructuras corporales

Pídele a un amigo que dibuje de forma sencilla a una persona en 3 segundos. Probablemente realizará un monigote con dos brazos, dos piernas, un cuerpo y una cabeza. Esta figura básica, que compartimos con muchos otros animales, se la debemos nuestro esqueleto. Este constituye una estructura articulada básica. Los músculos, unidos a todo el esqueleto, nos permiten el movimiento, mientras que la piel, el pelo y las uñas nos proporcionan una cubierta protectora.

Estructuras corporales

Glosario

bacteria Forma de vida diminuta que consta de una sola célula. Algunas bacterias causan enfermedades como la intoxicación alimentaria.

bíceps El músculo grande en la parte anterior de tu brazo, que permite la flexión del antebrazo.

calcio Elemento químico muy importante para el cuerpo humano. Se utiliza para la formación de unos huesos y unos dientes fuertes.

fibra Parte pequeña y delgada a modo de hilo que se encuentra en las células musculares.

ligamento Banda de tejido fibroso que mantiene unidos los huesos de una articulación.

médula ósea La parte más interna del hueso. Tiene el aspecto de una gelatina espesa y su función es la fabricación de las células sanguíneas.

mineral Sustancia o elemento natural, como el calcio, necesaria para el funcionamiento correcto del organismo. Obtenemos los minerales a través de los alimentos.

músculo Parte del cuerpo con capacidad para contraerse (acortarse) para producir movimiento.

músculo involuntario Músculo controlado directamente por el tronco cerebral sin que tengas que pensar en él, por ejemplo, el músculo cardíaco.

nervio Conjunto de haces de fibras formados por células nerviosas. Transportan las señales de comunicación por todo el cuerpo.

proteína Sustancia formada por diminutos bloques de construcción que reciben el nombre de aminoácidos. Las proteínas son una parte esencial de todos los seres vivos.

queratina Proteína fibrosa que se encuentra en la capa externa de la piel, así como en el pelo y las uñas.

reflejo Acción involuntaria o automática que el cuerpo ejecuta como respuesta a algo y sin necesidad de enviar una señal al cerebro.

tríceps Músculo de la parte posterior del brazo que permite estirar el codo.

Huesos

... en 30 segundos

¿Qué sería de ti sin tu esqueleto? Solo serías un saco blando e informe de órganos amontonados en el suelo.

Tu esqueleto es el andamio de tu cuerpo. Gracias a su solidez y dureza, los huesos son capaces de sostenerte y proporcionarte tu forma y estructura. Algunos huesos, como el cráneo o las costillas, tienen otra función: proteger órganos blandos como el cerebro, el corazón o los pulmones. Además, los huesos almacenan importantes minerales.

El esqueleto está constituido por más de 200 huesos unidos mediante articulaciones móviles. Esto significa que es capaz de adoptar miles de posiciones, de manera que podemos andar y correr, hablar y masticar, agarrar un lápiz o rascarnos la nariz.

Cuando piensas en un esqueleto, probablemente te vengan a la mente huesos viejos y secos. Pero mientras estamos vivos, nuestros huesos también lo están. Existen complejas estructuras corporales, con sus propios nervios y vasos sanguíneos, que los conectan con el resto del cuerpo. Los huesos más grandes también contienen en su interior una sustancia blanda que recibe el nombre de médula ósea. Esta desempeña la función vital de producir nuevas células sanguíneas para el organismo.

Resumen en 3 segundos

El esqueleto sostiene el cuerpo, protege los órganos y nos ayuda a movernos.

Misión de 3 minutos **Hueso de goma**

Necesitas: • un hueso de pollo cocido, frío, limpio y seco • una jarra • vinagre de vino blanco

Los huesos son duros porque contienen mucho calcio. Para comprobar qué ocurriría sin él, pon el hueso en el vinagre y déjalo en remojo unos cuantos días. El vinagre extrae el calcio, haciendo que el hueso se vuelva blando y gomoso.

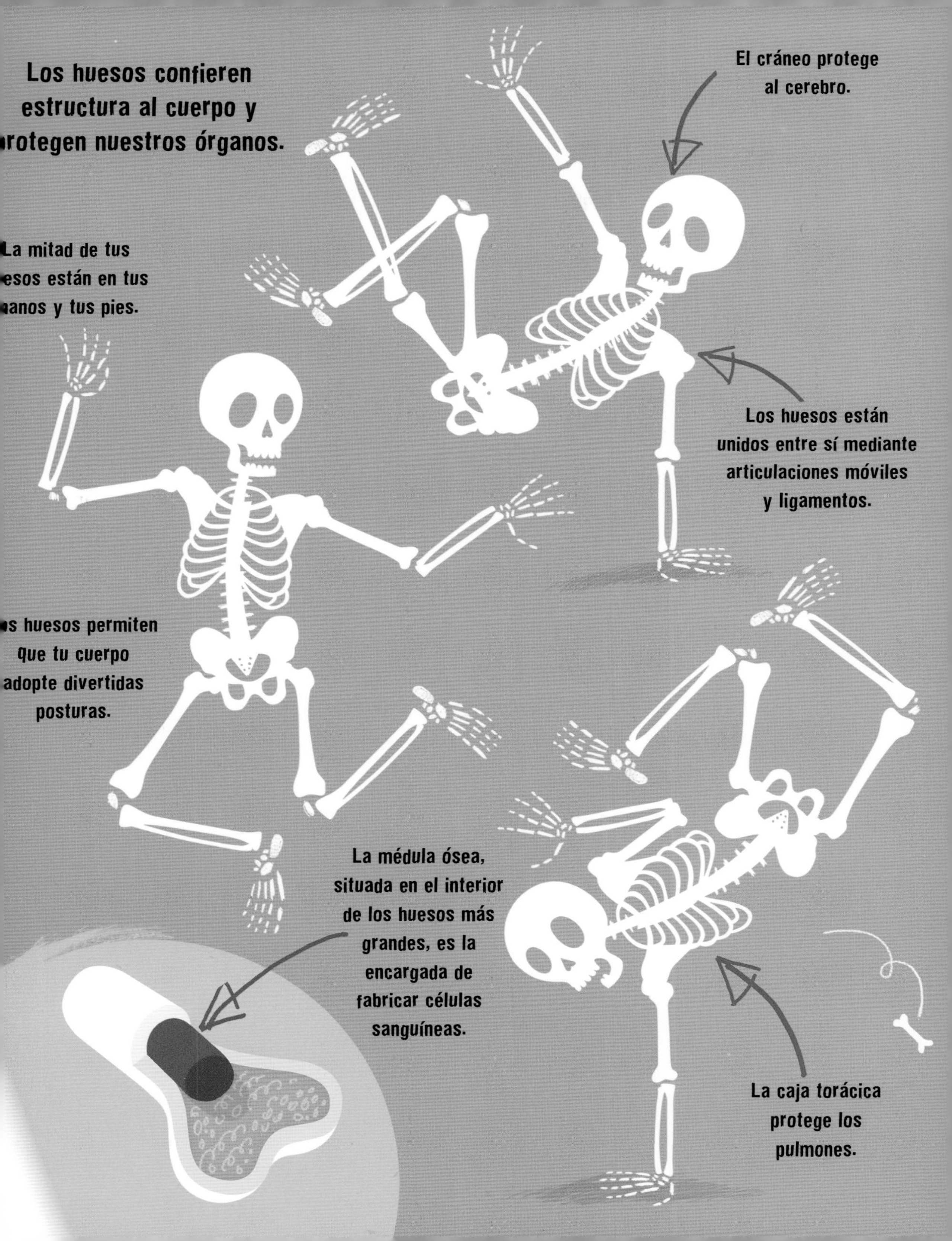
Los huesos confieren
estructura al cuerpo y
rotegen nuestros órganos.
El cráneo protege
al cerebro.
La mitad de tus
esos están en tus
anos y tus pies.
Los huesos están
unidos entre sí mediante
articulaciones móviles
y ligamentos.
s huesos permiten
que tu cuerpo
adopte divertidas
posturas.
La médula ósea,
situada en el interior
de los huesos más
grandes, es la
encargada de
fabricar células
sanguíneas.
La caja torácica
protege los
pulmones.

Músculos

... en 30 segundos

Para mantenerse vivo, tu cuerpo necesita moverse. Caminar, comer, hablar –incluso respirar– solo puede producirse gracias a los músculos que mueven las distintas partes del cuerpo.

Si palpas el brazo o el muslo, notarás los músculos por debajo de la piel. Estos son los músculos esqueléticos, que están unidos al hueso. Hay alrededor de 640 en todo el esqueleto. Mantienen los huesos unidos para permitir diferentes movimientos.

Muchos órganos, como el estómago y los intestinos, necesitan moverse para realizar su función. Se sirven de un tipo de músculo denominado músculo liso, que forma círculos o bandas elásticos en el interior o alrededor de algunas partes del cuerpo. Hay millones de estos músculos, ¡incluidos los que están unidos a cada uno de los 5 millones de pelos de tu cuerpo! El corazón cuenta con un tipo especial de músculo que recibe el nombre de músculo cardíaco.

Los músculos funcionan por tracción. Un músculo es capaz de contraerse, es decir, reducir su tamaño, lo que hace que tire de la estructura a la que está unido, o que apriete las estructuras situadas a su alrededor. Cuando el músculo se relaja recupera su longitud inicial.

Resumen en 3 segundos

Los músculos tiran de ciertas partes del cuerpo para moverlas.

¡Piel de gallina!

El frío o un susto puede ponernos piel de gallina. Esto hace que los animales parezcan más grandes y peligrosos o los mantiene calientes haciendo que el pelo se mantenga erizado. El hombre ya no posee ese pelo corporal tan largo, pero se nos sigue poniendo la piel de gallina. La próxima vez que te ocurra, obsérvalo con atención. Verás cómo cada pelo del cuerpo está erizado, haciendo que la piel se eleve ligeramente. Cada pelo cuenta con un diminuto haz de músculo liso que es capaz de erizarlo.

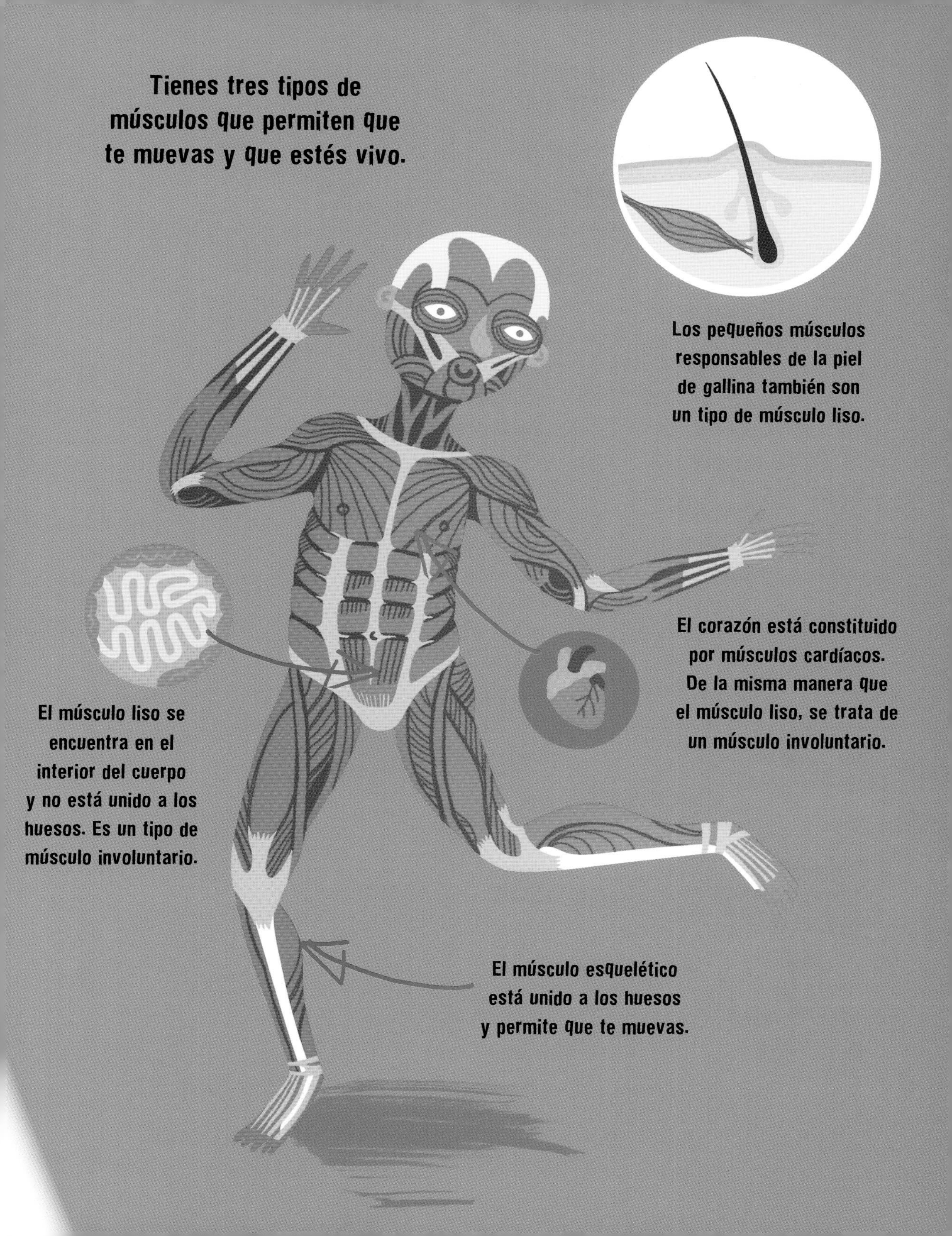
Tienes tres tipos de
músculos que permiten que
te muevas y que estés vivo.
Los pequeños músculos
responsables de la piel
de gallina también son
un tipo de músculo liso.
El corazón está constituido
por músculos cardíacos.
De la misma manera que
el músculo liso, se trata de
un músculo involuntario.
El músculo liso se
encuentra en el
interior del cuerpo
y no está unido a los
huesos. Es un tipo de
músculo involuntario.
El músculo esquelético
está unido a los huesos
y permite que te muevas.

Movimiento

... en 30 segundos

Alguien te ofrece un helado, así que estiras el brazo para agarrarlo. ¿Qué es lo que ha ocurrido para que realices el movimiento?

Las células musculares contienen dos tipos de fibras musculares, la actina y la miosina, que están superpuestas. Para conseguir la contracción del músculo, el cerebro envía una señal. Esta hace que la actina y la miosina se superpongan todavía más. El músculo reduce su longitud y se ensancha, abultándose a medida que tira de una parte del cuerpo hacia la otra.

Para estirar el brazo, tu cerebro envía una señal al tríceps, el músculo que une el omóplato y la parte posterior del húmero con la parte posterior del codo. Cuando el tríceps se acorta, estira del codo, haciendo que tu brazo se estire.

¿Qué ocurre después? Ahora tienes que llevarte el helado a la boca y los músculos solo pueden tirar. Para volver a flexionar el brazo, el tríceps se relaja y otro músculo, el bíceps, toma el relevo. El bíceps une el omóplato y la parte anterior del húmero con los dos huesos del antebrazo. Cuando se contrae, tira del antebrazo y tu brazo se dobla.

Resumen en 3 segundos

Los músculos trabajan en parejas para extender y flexionar las distintas partes del cuerpo.

Misión de 3 minutos Comprueba tus reflejos

Los reflejos son movimientos que realizamos de manera automática. El reflejo rotuliano es el más conocido. ¡Comprueba el tuyo! Siéntate con las piernas cruzadas y pide a un amigo que te golpee justo por debajo de la rodilla con una regla o el canto de un libro. ¿Qué le pasa a tu pierna? Se levanta. La señal no proviene del cerebro sino de la médula espinal, como respuesta a algo que le ha sucedido a tu cuerpo.

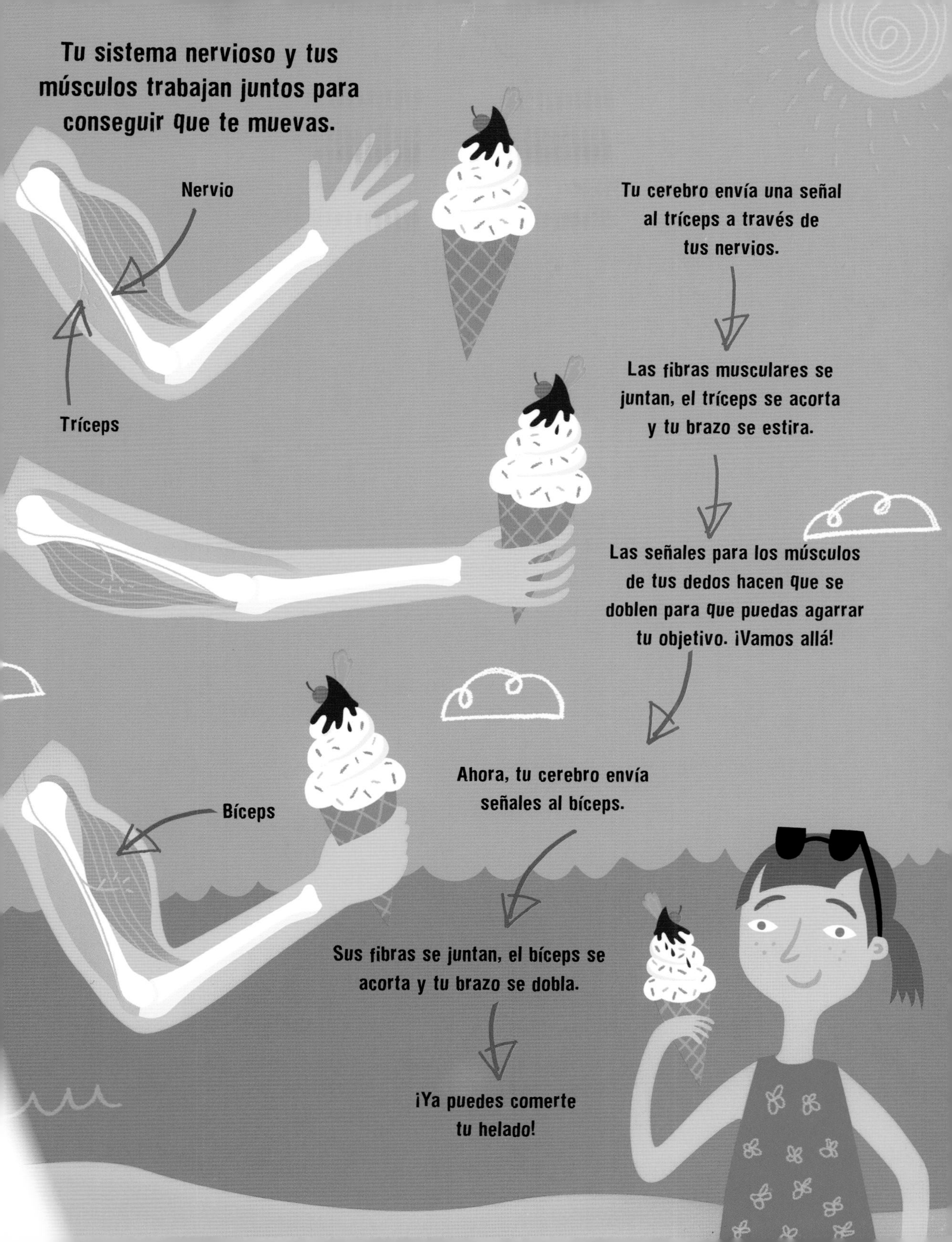

Tu sistema nervioso y tus músculos trabajan juntos para conseguir que te muevas.

Tu cerebro envía una señal al tríceps a través de tus nervios.

Las fibras musculares se juntan, el tríceps se acorta y tu brazo se estira.

Las señales para los músculos de tus dedos hacen que se doblen para que puedas agarrar tu objetivo. ¡Vamos allá!

Ahora, tu cerebro envía señales al bíceps.

Sus fibras se juntan, el bíceps se acorta y tu brazo se dobla.

¡Ya puedes comerte tu helado!

Dientes

... en 30 segundos

No puedes ver la mayor parte de tu esqueleto. Pero mírate al espejo, sonríe y verás una parte: ¡tus dientes!

Los dientes no son huesos, pero se parecen a ellos. Cada uno tiene una capa externa de esmalte duro y brillante –es la sustancia más dura del cuerpo humano–. Bajo la misma se encuentra la dentina, una sustancia similar al hueso, que contiene gran cantidad de calcio y otros minerales. En el centro se halla la blanda pulpa, que alberga vasos sanguíneos y nervios que unen el diente con el resto del cuerpo. Las largas raíces del diente lo mantienen en su lugar, en la mandíbula.

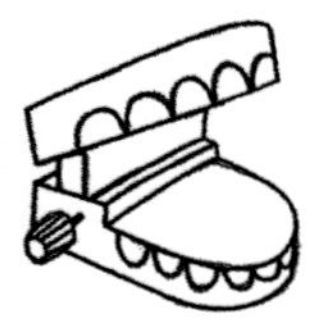

Los dientes son muy importantes. Además de masticar los alimentos, desempeñan un gran papel en el habla, y también los utilizamos como herramientas para tirar o cortar cosas. Al contrario que los huesos, los dientes no pueden repararse por sí mismos cuando se estropean. El esmalte es muy fuerte pero puede corroerse por la acción de alimentos ácidos y por las bacterias que se nutren de los restos de los alimentos. Lavarse los dientes evita este peligro y mantiene el esmalte sano.

Los huesos crecen pero los dientes no. Simplemente empujan a través de las encías. Los niños pequeños cuentan con un juego de 20 pequeños «dientes de leche» que se caen para ser sustituidos por 32 dientes definitivos a medida que la boca aumenta de tamaño.

Resumen en 3 segundos

Los humanos tienen 32 dientes para masticar los alimentos y emitir los sonidos del habla.

Misión de 3 minutos Experimento del huevo

Esto es lo que las bebidas gaseosas hacen a los dientes:

1. Toma dos huevos cocidos de cáscara pálida (pide a un adulto que los cueza y deje que se enfríen). Pon cada huevo en un vaso con refresco de cola.
2. Transcurridos unos minutos, saca uno de los huevos y lávalo con la ayuda de un cepillo y pasta de dientes.
3. Deja el otro toda la noche en remojo. ¿Qué observas?

Tienes tres tipos de dientes, que están situados en los maxilares.

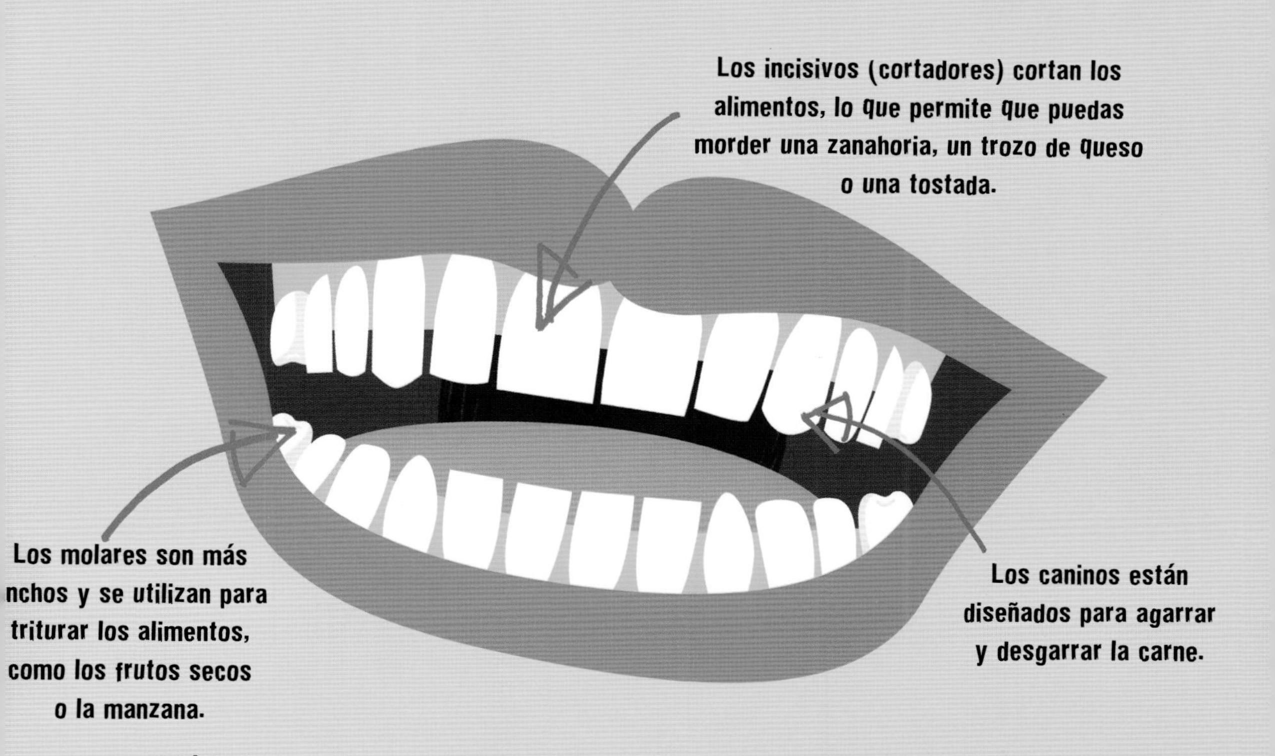

Los incisivos (cortadores) cortan los alimentos, lo que permite que puedas morder una zanahoria, un trozo de queso o una tostada.
Los molares son más nchos y se utilizan para triturar los alimentos, como los frutos secos o la manzana.
Los caninos están diseñados para agarrar y desgarrar la carne.

Interior de un diente

Esmalte

Pulpa

Dentina

Vasos sanguíneos

Raíz

Nervios

Una radiografía muestra cómo en el niño los dientes adultos empujan por debajo de los dientes de leche, a punto para salir.

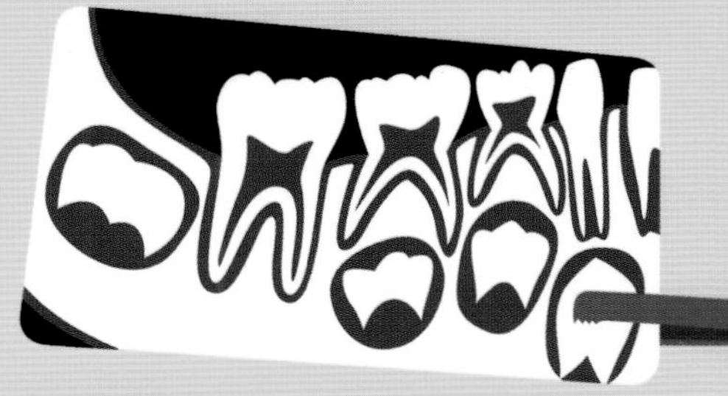

Piel, pelo y uñas

... en 30 segundos

La piel es una de las partes del cuerpo de mayor tamaño. Si pudieras agarrar la piel de un adulto y extenderla, ocuparía más sitio que una cama individual y pesaría más que tres abrigos de invierno.

La piel realiza varias funciones indispensables para nuestro organismo. Estas incluyen:

Mantener todos los órganos y partes del cuerpo juntas

Conservar el agua en el interior La piel es impermeable y evita que el cuerpo se deshidrate

Repeler el agua La piel evita que absorbamos el agua como una esponja cuando estamos en la bañera o la piscina

Mantenerte caliente Una capa de grasa situada inmediatamente por debajo de la piel mantiene el calor en el interior

Refrescarte Si estás demasiado caliente, tu piel sudará para que baje la temperatura

Formar una barrera para mantener alejados la suciedad y los gérmenes

Proporcionar un cojín para tus huesos y articulaciones

Sentir la presión, el calor, el frío y el dolor, con los nervios sensitivos del tacto.

El pelo y las uñas nacen de la piel y están formados por una proteína llamada queratina. Están constituidos por células parecidas a las de la piel y crecen a medida que esta las empuja.

Resumen en 3 segundos

La piel, el pelo y las uñas constituyen la capa más externa del cuerpo.

Misión de 3 minutos ¿Cuán fuerte es tu pelo?

1. Arráncate suavemente un pelo y sujétalo en el extremo de un lápiz con cinta adhesiva.
2. Utiliza un montón de libros para sostener el otro extremo del lápiz, de manera que quede fijo con el pelo colgando.
3. Pega con cinta adhesiva un céntimo en el otro extremo del pelo. Sigue añadiendo céntimos. ¿Cuántos puede aguantar?

La piel, el pelo y las uñas protegen nuestro cuerpo del exterior.

La piel, el pelo y las uñas también son partes del cuerpo que se hallan expuestas de manera permanente.

Las cejas y las pestañas protegen los ojos del sudor, la lluvia y el polvo.

El pelo mantiene tu cabeza caliente.

Cuando buceas en una piscina, tu piel realiza prácticamente todas sus funciones.

Las uñas protegen las sensibles puntas de tus dedos.

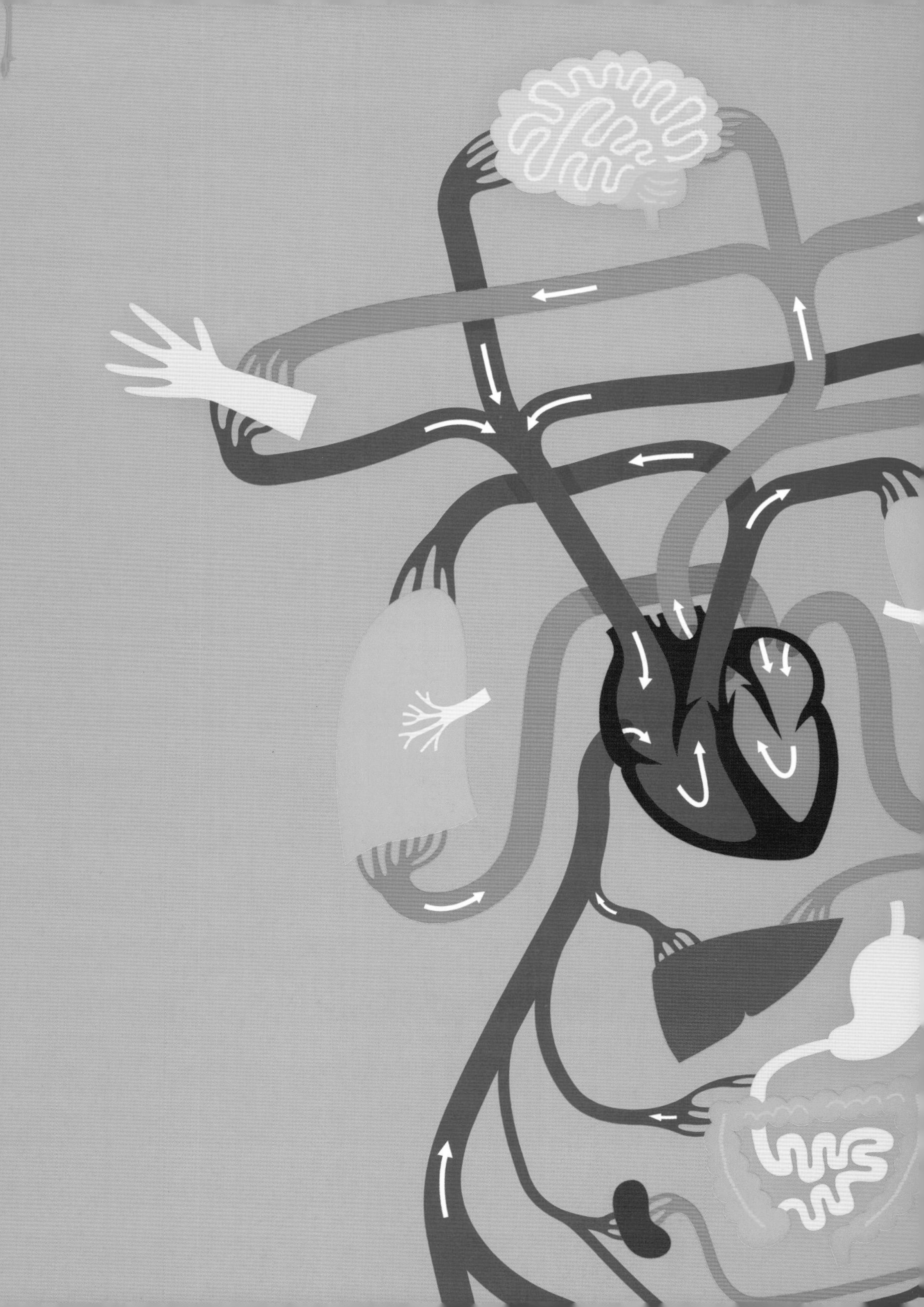

Sistemas de supervivencia

¡Necesitas un bocadillo ahora! Tu cuerpo es muy hábil a la hora de mantenerse activo; ingieres alimentos e inhalas aire para mantener todas tus células en funcionamiento y tus niveles de energía altos. Tu corazón late constantemente y bombea la sangre que circula por todo el cuerpo para transportar a las células todo aquello que necesitan. Mientras, el sistema inmunológico nos protege de los gérmenes y las enfermedades.

Glosario

ácido Sustancia química fuerte. El ácido del estómago ayuda a eliminar a los gérmenes que pueden contener los alimentos y disuelve los alimentos hasta que se convierten en una papilla para poder digerirlos.

alvéolo Pequeño saco de aire situado en el interior de nuestros pulmones, con una pared muy fina que permite el paso del oxígeno hasta las células sanguíneas.

anhídrido carbónico Gas residual producido por las células del organismo que se transporta a través de la sangre hasta los pulmones para ser expulsado.

anticuerpo Proteína producida por los glóbulos blancos que contribuye a combatir los gérmenes.

arteria Vaso sanguíneo que transporta la sangre desde el corazón hasta el resto del cuerpo.

bazo Pequeño órgano situado entre el estómago y el diafragma, en la parte izquierda del cuerpo, que contribuye a filtrar la sangre y produce nuevos glóbulos rojos.

capilar Diminuto vaso sanguíneo, cuya pared tiene el grosor de una célula, que une las arterias con las venas.

célula Una de las diminutas unidades de las que están constituidos los seres vivos. Algunos organismos, como las bacterias, constan de una única célula, mientras que otros cuentan con millones de ellas.

diafragma Músculo abovedado situado justo por debajo de los pulmones. Al inspirar desciende y al espirar asciende.

diarrea Deposiciones acuosas más frecuentes y urgentes de lo habitual.

digestión Descomposición de los alimentos para que el organismo pueda aprovecharlos.

enzima Tipo especial de proteína que contribuye a la producción y activación de reacciones químicas.

glándula Órgano que produce alguna sustancia útil para el organismo.

intestino Tubo largo del aparato digestivo que absorbe las partes útiles de los alimentos y acumula los residuos.

linfa Líquido incoloro que contiene glóbulos blancos y que se encuentra en tu sistema linfático y en los ganglios linfáticos.

músculo Parte del cuerpo que se contrae (se acorta) para producir movimiento.

nutriente Sustancia presente en los alimentos que el cuerpo puede utilizar para sobrevivir y crecer.

orina Líquido constituido por agua y productos de desecho que se obtiene por la filtración de la sangre en los riñones. La orina se almacena en la vejiga urinaria.

oxígeno Gas presente en el aire que los humanos y otros animales necesitan para respirar.

saliva Líquido producido en unas glándulas de la boca para ayudarte a saborear y disolver los alimentos.

válvula Estructura que puede abrirse o cerrarse para evitar que la sangre retroceda.

vellosidad Una de las pequeñas partes con forma de dedo de la pared del intestino delgado a través de las cuales se absorben los alimentos.

vena Vaso sanguíneo que transporta la sangre de regreso al corazón.

vómito Expulsión por la boca del contenido gástrico.

Aparato digestivo

... en 30 segundos

Cuando ingieres alimentos, estos pasan al tubo digestivo. Es un conducto que atraviesa el cuerpo, formado por diversos órganos unidos entre sí.

Masticación Desmenuzas los alimentos en trozos más pequeños con la ayuda de los dientes. Tu boca produce saliva para ablandar la comida y ayudar a diluirla.

Deglución La lengua empuja la comida hacia la parte posterior de la boca. Fuertes músculos la empujan a lo largo de la garganta hasta el esófago, un tubo que la transporta hasta el estómago.

Dilución El estómago tritura y machaca los alimentos, mezclándolos con los fuertes ácidos gástricos. Este proceso diluye los alimentos transformándolos en una especie de papilla.

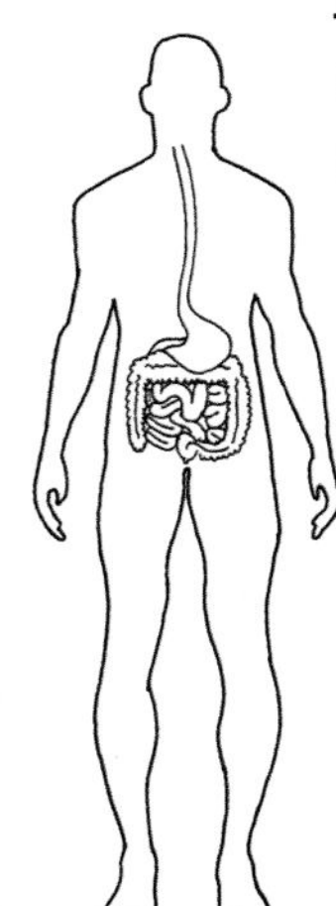

Absorción La papilla es empujada hacia el intestino delgado. Está revestido de miles de pequeñas estructuras con forma de dedo conocidas como vellosidades. Estas absorben las sustancias químicas útiles y permiten que pasen a la sangre.

Tratamiento de los residuos Los residuos, como las semillas de tomate o la piel del maíz, pasan al intestino grueso y se transforman en heces, que finalmente son expulsadas cuando vamos al lavabo.

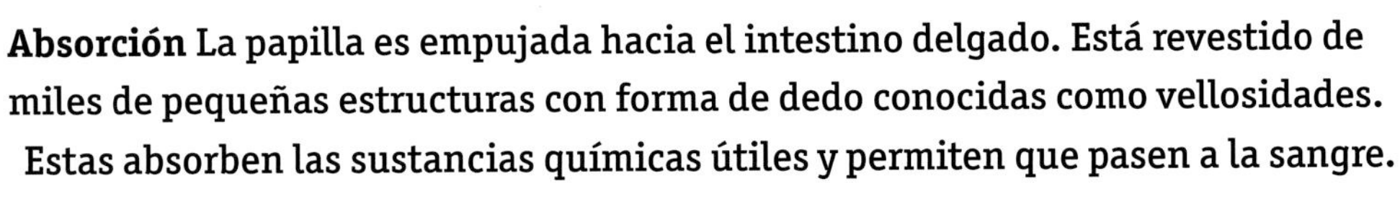

Resumen en 3 segundos

El aparato digestivo disuelve los alimentos, absorbe las partes útiles y se deshace de los desechos.

Misión de 3 minutos ¿Cuánto mide?

El sistema digestivo no está dispuesto en línea recta. Tiene muchas curvas, sobre todo en el intestino delgado. De hecho, tu sistema digestivo es alrededor de 4,5 veces más largo que tú.

Para ver la longitud del tuyo, mide tu altura y multiplícala por 4,5. Anota el resultado y mide un trozo de hilo de esa longitud. Estíralo en el suelo y verás el trayecto que tienen que recorrer los alimentos que ingieres.

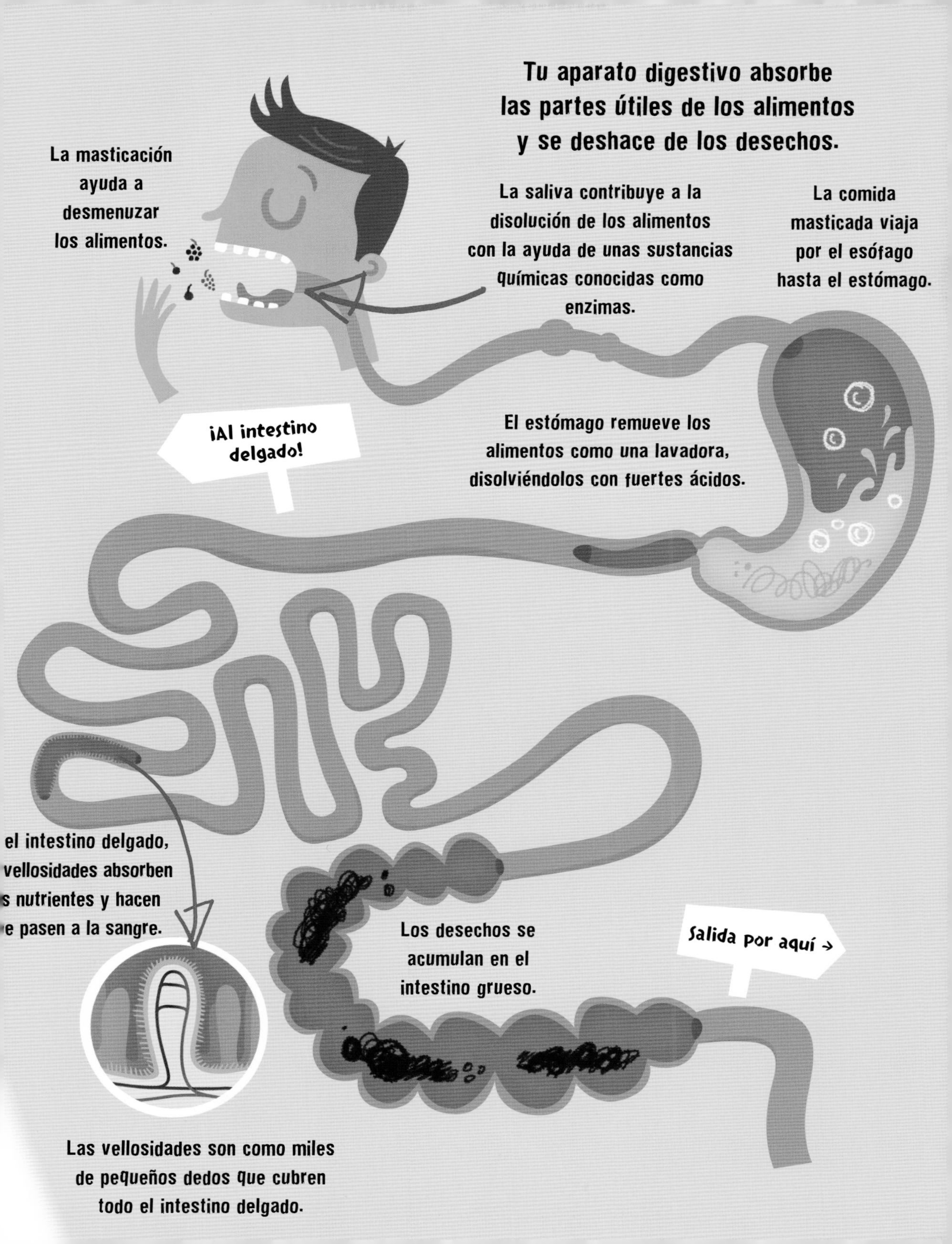

Tu aparato digestivo absorbe
las partes útiles de los alimentos
y se deshace de los desechos.
La masticación
ayuda a
desmenuzar
los alimentos.
La saliva contribuye a la
disolución de los alimentos
con la ayuda de unas sustancias
químicas conocidas como
enzimas.
La comida
masticada viaja
por el esófago
hasta el estómago.
¡Al intestino
delgado!
El estómago remueve los
alimentos como una lavadora,
disolviéndolos con fuertes ácidos.
el intestino delgado,
vellosidades absorben
s nutrientes y hacen
e pasen a la sangre.
Los desechos se
acumulan en el
intestino grueso.
Salida por aquí →
Las vellosidades son como miles
de pequeños dedos que cubren
todo el intestino delgado.

Residuos

... en 30 segundos

Como una gran ciudad, tu cuerpo produce muchos residuos. Deben ser eliminados o se acumularían en tu interior y harían que enfermaras. Algunos de los residuos se eliminan cuando vas al lavabo, pero no es la única manera. ¡De hecho, dejas residuos allá donde vas!

Las deposiciones son las partes de los alimentos que no puedes digerir. También contienen algunas de las bacterias que viven en los intestinos.

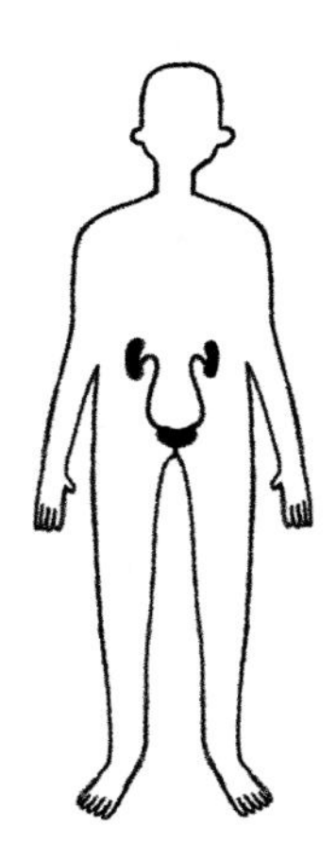

La orina es un residuo líquido. Toda la sangre de tu organismo pasa por los dos riñones, que recogen el líquido y los residuos químicos que se encuentran en ella. Envían la orina a la vejiga para que sea almacenada, y varias veces al día la eliminamos.

El anhídrido carbónico es un gas residual que se produce a nivel celular al convertir los nutrientes en energía. La sangre lo transporta hasta los pulmones, donde lo expulsamos.

Las células mueren constantemente y se forman otras nuevas para reemplazarlas. Algunas células muertas pasan por el bazo, donde son recicladas. Otras son fagocitadas por unas células especializadas de la sangre, y las células muertas de la piel simplemente se descaman.

Resumen en 3 segundos

Tu cuerpo produce y elimina constantemente diferentes tipos de residuos.

Misión de 3 minutos
Pesa la descamación de tu piel

La descamación de 500 millones de células epiteliales al día significa que ¡cada año eliminamos alrededor de 2.000 millones! Estas células tienen un impresionante peso de 700 g y constituyen gran parte del polvo en el aire y de nuestra casa. ¡Agggg!

Para calcular cuánto polvo de piel has creado hasta ahora, multiplica tu edad por 700 g. ¿Cuánto polvo producirás en una vida media de 80 años?

Los sistemas corporales recogen, almacenan y eliminan los residuos para que el cuerpo esté limpio y sano.

Cuando comes y bebes, tu organismo toma lo que necesita para producir células, músculos y que las distintas partes del cuerpo funcionen.

Las partes que tu cuerpo no necesita deben ser eliminadas.

En un día, tu cuerpo se deshace de...

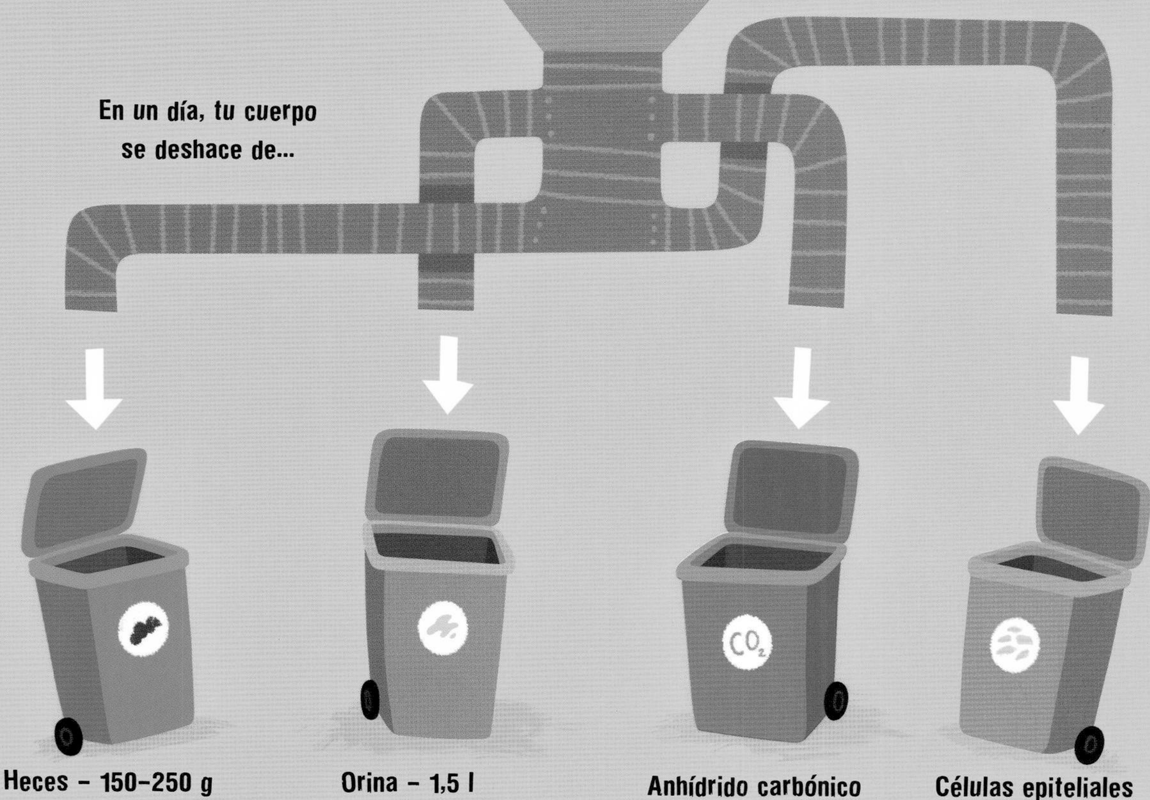

Heces – 150-250 g

Orina – 1,5 l (6-7 tazas)

Anhídrido carbónico – 500 l (2.100 tazas), suficiente para inflar 200 globos

Células epiteliales – 500 millones al día

Respiración

... en 30 segundos

De día y de noche, pienses o no pienses en ello, sigues respirando.

La respiración es involuntaria –puedes respirar sin pensar en ello–. No obstante, también puedes controlarla cuando quieres; por ejemplo, cuando contienes la respiración, cuando hablas, cuando cantas o cuando empleas un instrumento musical de viento.

El sistema corporal que te permite respirar se llama aparato respiratorio, y los principales órganos de la respiración son los dos grandes, esponjosos y ruidosos pulmones. Cuando inspiras, los músculos del tórax hacen que los pulmones se expandan. El aire entra a través de tu boca y nariz y desciende por la tráquea.

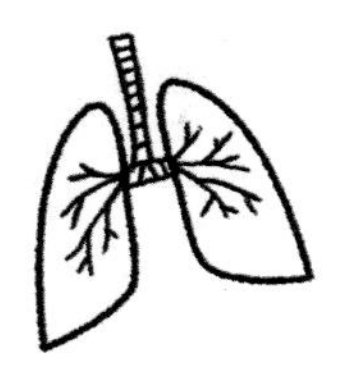

En el interior de cada uno de los pulmones, el aire circula a través de pequeños tubos que reciben el nombre de bronquiolos, hasta alrededor de 300 millones de pequeños sacos, los alvéolos. El oxígeno del aire pasa a través de la pared de los alvéolos hasta los pequeños vasos sanguíneos que los rodean. Después, la sangre transporta el oxígeno para que sea utilizado en todas las células del organismo.

Al mismo tiempo, la sangre lleva el anhídrido carbónico producido por las células hasta los alvéolos para expulsarlo mediante la espiración.

Resumen en 3 segundos

Los pulmones inhalan el aire para utilizar el oxígeno que contiene.

Respiración de Julio César

Es posible que hayas oído que cada vez que inspiramos tomamos algunas moléculas del aire respirado por el gran líder de la Antigua Roma Julio César. Pero no se trata solo del César, ¡cada vez que inspiramos tomamos moléculas de aire respiradas por muchas personas del pasado! Los incontables billones y billones de moléculas que flotan en la atmósfera se mezclan y son respiradas constantemente por todo el mundo.

Respiras con ayuda de tus pulmones y tus músculos torácicos.

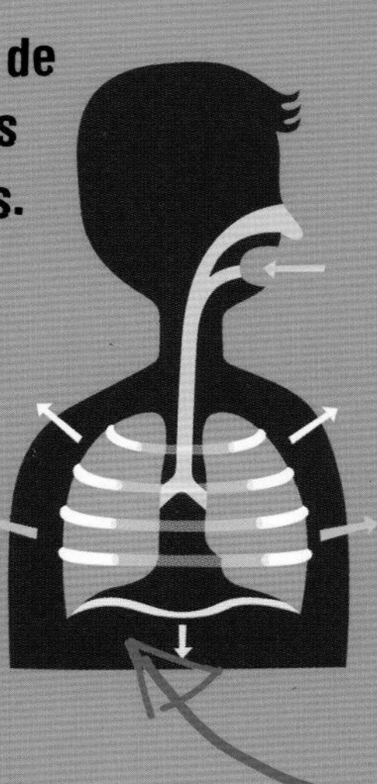

Para la inspiración, tus músculos torácicos tiran de tus costillas y el diafragma tira hacia abajo.

Para espirar, los músculos torácicos presionan los pulmones y el diafragma se eleva.

Diafragma

El canto requiere un control cuidadoso de la respiración. ¡La voz es tu instrumento!

El acordeón aspira el aire y después lo expulsa, ¡del ismo modo que tus pulmones!

Para tocar un instrumento de viento debes realizar inspiraciones más profundas.

Sangre

... en 30 segundos

La sangre es el sistema de mensajería del organismo. Circula por todo el cuerpo, y llega a cada célula, tejido y órgano. La sangre transporta a todas las células el oxígeno captado por los pulmones. Asimismo, recibe las sustancias químicas de los alimentos absorbidas en el intestino y las conduce a todo el cuerpo.

La sangre facilita otras muchas cosas útiles. Recoge los productos residuales de las células y los transporta. Algunas medicinas pasan a la sangre y son conducidas allí donde se necesitan.

Asimismo, la sangre transporta las hormonas, unas sustancias químicas que envían mensajes de una parte a otra del cuerpo. Por ejemplo, cuando sientes que estás en peligro, las glándulas situadas junto a los riñones liberan a la sangre la hormona adrenalina. Cuando esta llega a tu corazón, hace que lata con más rapidez para que tengas más energía y seas más veloz.

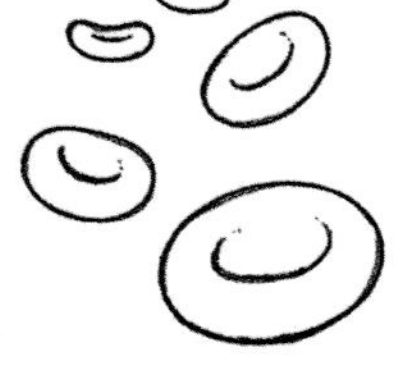

El corazón bombea sangre hacia todo el cuerpo a través de una red de tubos denominados vasos sanguíneos. Cuando la sangre sale del corazón circula a través de vasos sanguíneos de gran calibre. Estos se ramifican en tubos cada vez más pequeños y después en diminutos capilares que llegan a todas las células del organismo.

Resumen en 3 segundos

La sangre circula por todo el organismo, transportando el oxígeno, los nutrientes y otras sustancias útiles.

Hechos sorprendentes de la sangre

- Una gota de sangre contiene más de 300 millones de células sanguíneas.
- Un adulto tiene alrededor de 5 litros de sangre en total.
- Cada persona tiene aproximadamente 100.000 km de vasos sanguíneos. La mayor parte de esa longitud corresponde a los capilares.
- Una célula sanguínea tarda alrededor de un minuto en recorrer todo el cuerpo, desde que sale del corazón hasta que regresa a él.

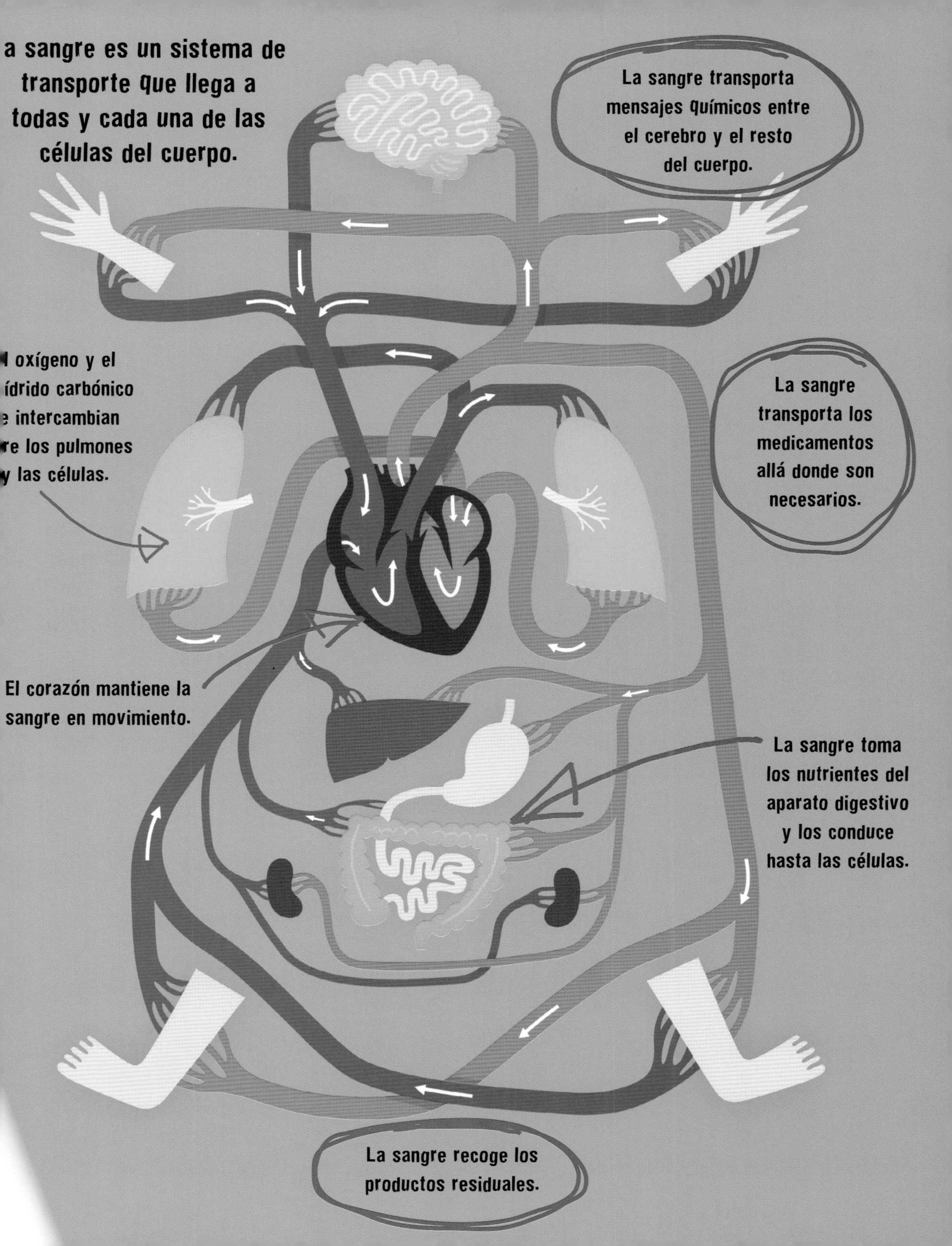
a sangre es un sistema de transporte que llega a todas y cada una de las células del cuerpo.
La sangre transporta mensajes químicos entre el cerebro y el resto del cuerpo.
l oxígeno y el
ídrido carbónico
e intercambian
re los pulmones
y las células.
La sangre transporta los medicamentos allá donde son necesarios.
El corazón mantiene la sangre en movimiento.
La sangre toma los nutrientes del aparato digestivo y los conduce hasta las células.
La sangre recoge los productos residuales.

Corazón

... en 30 segundos

El corazón es una de las partes del cuerpo que trabaja más. Es un saco musculoso del tamaño de un puño que se contrae y se relaja para bombear la sangre a todo el organismo.

Cada minuto, el corazón se contrae, o late, alrededor de 70 veces. Esto suma 4.200 veces cada hora y alrededor de 100.000 veces al día. No para nunca, ni tampoco necesita un descanso.

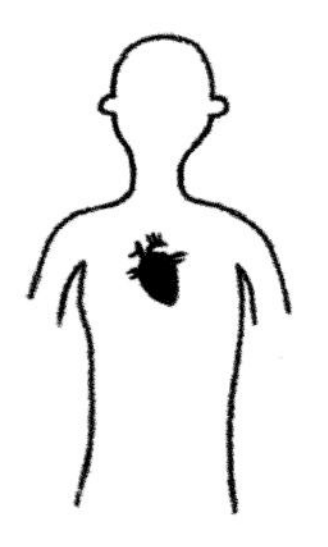

A pesar de su importancia, el corazón es un órgano simple. En su interior tiene cuatro espacios o cámaras: dos más pequeñas llamadas aurículas y dos más grandes denominadas ventrículos. Las grandes venas y arterias entran y salen del corazón para conectarlo con la red de vasos sanguíneos del resto del cuerpo.

Cuando el músculo cardíaco se relaja, la sangre entra en el corazón a través de las venas conectadas a él y llena las cámaras de su interior. La sangre solo puede circular en una dirección porque el corazón cuenta con válvulas que impiden que la sangre retroceda. Cada vez que las válvulas se cierran con cada latido, suena un «tum-tum».

Cuando el músculo cardíaco se contrae, la sangre es impulsada fuera, hacia el interior de las arterias que salen hacia el resto del cuerpo.

Resumen en 3 segundos

El corazón late 24 horas al día para bombear la sangre a todo el cuerpo.

Misión de 3 minutos **Tómate el pulso**

1 Pon tres dedos en la parte interna de la muñeca, justo por debajo del dedo pulgar, donde hay un gran vaso sanguíneo. ¿Puedes sentir un movimiento bajo la piel? Esto se conoce como pulso.

2 Utiliza un reloj o un cronómetro para contar el número de latidos en un minuto. Tu frecuencia cardíaca o pulso es el número de veces que tu corazón late en un minuto.

El músculo cardíaco se relaja.

El corazón se relaja y se abre para llenarse de sangre. A continuación se contrae para bombear la sangre a todo el organismo con tanta rapidez como sea preciso.

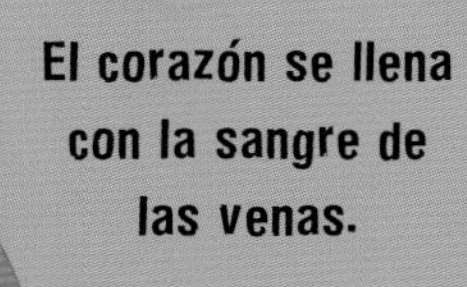

El corazón se llena con la sangre de las venas.

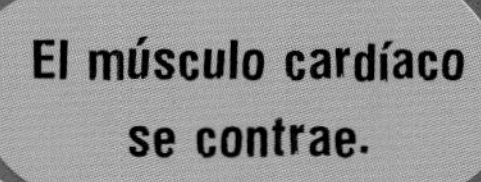

El músculo cardíaco se contrae.

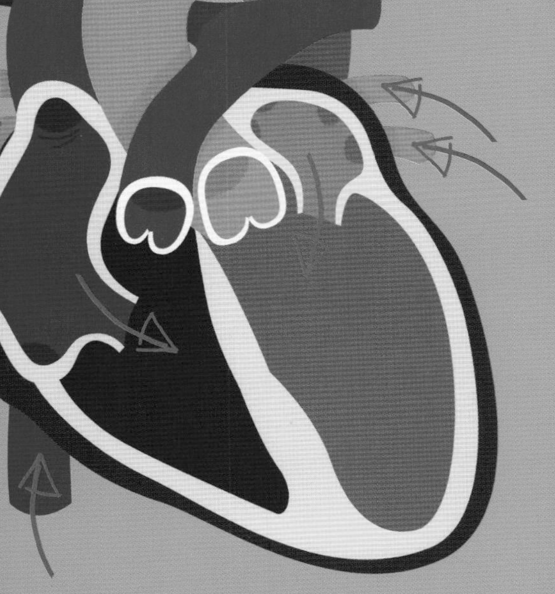

El corazón bombea la sangre hacia las arterias.

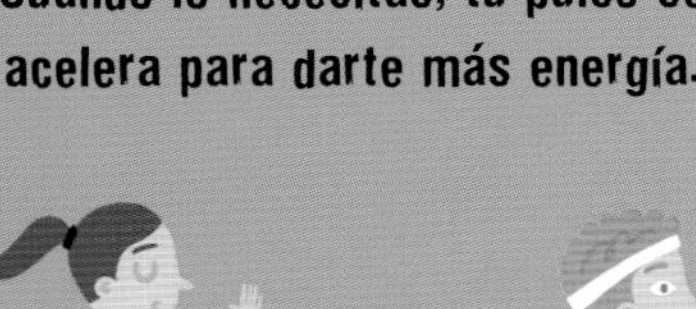

Cuando lo necesitas, tu pulso se acelera para darte más energía.

Pulso durante el *sprint*: alrededor de 180 latidos

Pulso corriendo: alrededor de 140 latidos

Pulso caminando: alrededor de 95 latidos

Pulso en reposo: alrededor de 70 latidos

Sistema inmunitario

... en 30 segundos

En tu cuerpo existe una lucha constante para mantener bajo control los gérmenes y las enfermedades. El sistema corporal que sostiene esta lucha se denomina sistema inmunitario. Trabaja de muchas formas.

La piel actúa como una barrera frente a los gérmenes y cuenta con una cobertura ácida que mata a las bacterias y los hongos. En tu piel existen aberturas para los ojos, los orificios nasales, los oídos y la boca. Pero tanto las lágrimas como el moco, el cerumen y la saliva contienen sustancias químicas que matan a los gérmenes. Si estos penetran por un corte, el sistema inmunitario envía más sangre a la zona. Unos glóbulos blancos especiales atacan y combaten los gérmenes.

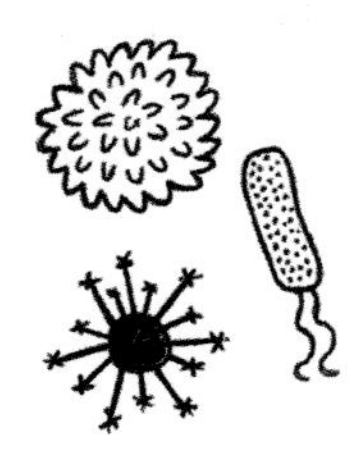

Con frecuencia ingieres gérmenes, pero la saliva y los fuertes ácidos gástricos los matan. Sin embargo, algunos tipos son capaces de franquear estas barreras y causar una intoxicación alimentaria. El sistema inmunitario responde provocando el vómito y la diarrea para eliminar los gérmenes.

Los gérmenes del resfriado y la gripe se extienden a través del aire. El sistema inmunitario incluye moco en tus fosas nasales, garganta y pulmones para atraparlos. Si los gérmenes causantes de enfermedad invaden el cuerpo, los glóbulos blancos aprenden a combatirlos produciendo unas sustancias químicas conocidas como anticuerpos. Este es el motivo por el que muchas personas solo sufren una determinada enfermedad, como, por ejemplo, la varicela, una sola vez.

Resumen en 3 segundos

El sistema inmunitario trabaja para combatir los gérmenes y mantenerte sano.

Nota tus ganglios linfáticos

Los ganglios linfáticos son pequeñas partes del sistema inmunitario con forma de judía. Junto con un órgano llamado bazo, filtran los fluidos corporales y capturan los gérmenes. Este es el motivo por el que cuando estás enfermo tus ganglios linfáticos pueden inflamarse, ya que tienen que capturar muchos gérmenes. En ocasiones puedes notar los ganglios linfáticos en el cuello o las axilas.

Estos gérmenes quieren penetrar en tu organismo para encontrar un lugar donde vivir, pero tu sistema inmunitario tiene muchas maneras de combatirlos.

La cubierta ácida de la piel combate a los hongos.

La saliva mata a los gérmenes.

El pegajoso cerumen atrapa y mata a los gérmenes.

El moco de tu nariz y tu garganta atrapa a los gérmenes.

El ácido del estómago mata a los gérmenes.

El bazo captura a los gérmenes.

Los glóbulos blancos combaten a los gérmenes en la sangre.

Los ganglios linfáticos atrapan a los gérmenes.

Los glóbulos blancos de la sangre producen anticuerpos.

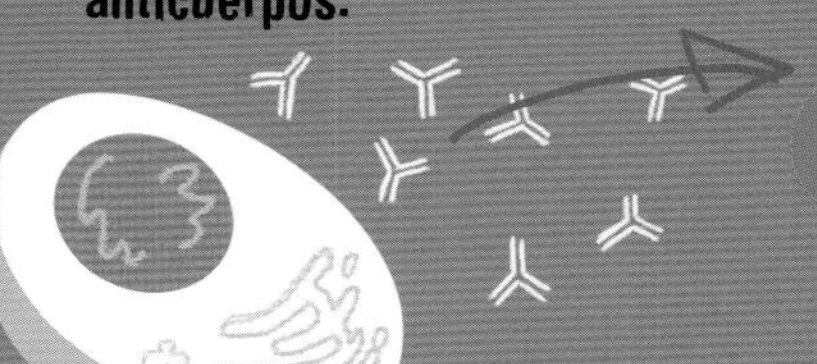

Los anticuerpos se unen al germen.

Los anticuerpos trabajan con otras partes del sistema inmunitario para romper y destruir los gérmenes.

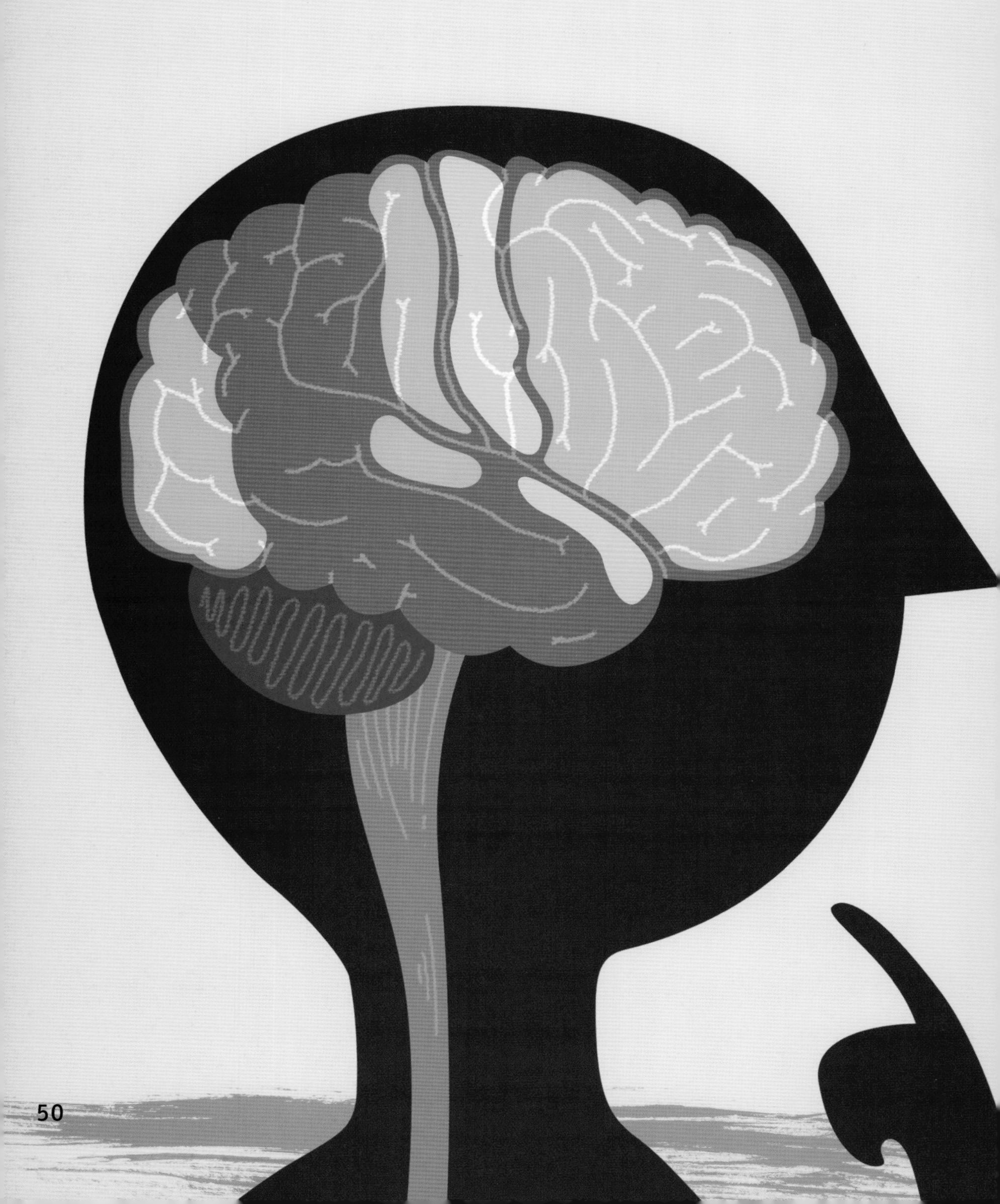

Cerebro y sistema nervioso

¿Cómo sabes el significado de las palabras de esta página? ¿Cómo puedes ser consciente de las cosas, pensar sobre el mundo o decidir qué hacer? Todo es gracias a tu brillante cerebro. Además de aprender, pensar y recordar, se encarga de mantener en funcionamiento tus sistemas corporales, procesar las señales sensitivas y dirigir tus músculos. Junto con el sistema nervioso, que lo conecta con el resto del cuerpo, tu cerebro está controlando constantemente.

Cerebro y sistema nervioso

Glosario

cerebelo Zona del encéfalo encargada del mantenimiento del equilibrio y la organización de los movimientos corporales. El nombre significa «cerebro pequeño».

cerebro La parte mayor del encéfalo, responsable del pensamiento, las emociones y los sentidos como el tacto, el gusto, el olfato y la vista. Es la parte que utilizamos para pensar.

corteza cerebral Capa más externa del cerebro que desempeña un importante papel en el pensamiento.

hipotálamo Pequeña zona del cerebro con diversas funciones que incluyen el control de la temperatura corporal, el apetito, la sed y el sueño.

músculo Parte del cuerpo que se contrae (se acorta) para producir el movimiento.

nervio Haz de fibras largas constituido por células nerviosas. Transporta señales informativas a todo el cuerpo.

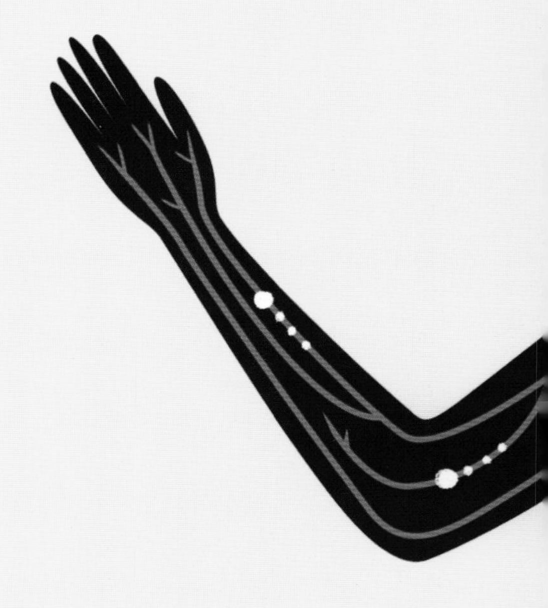

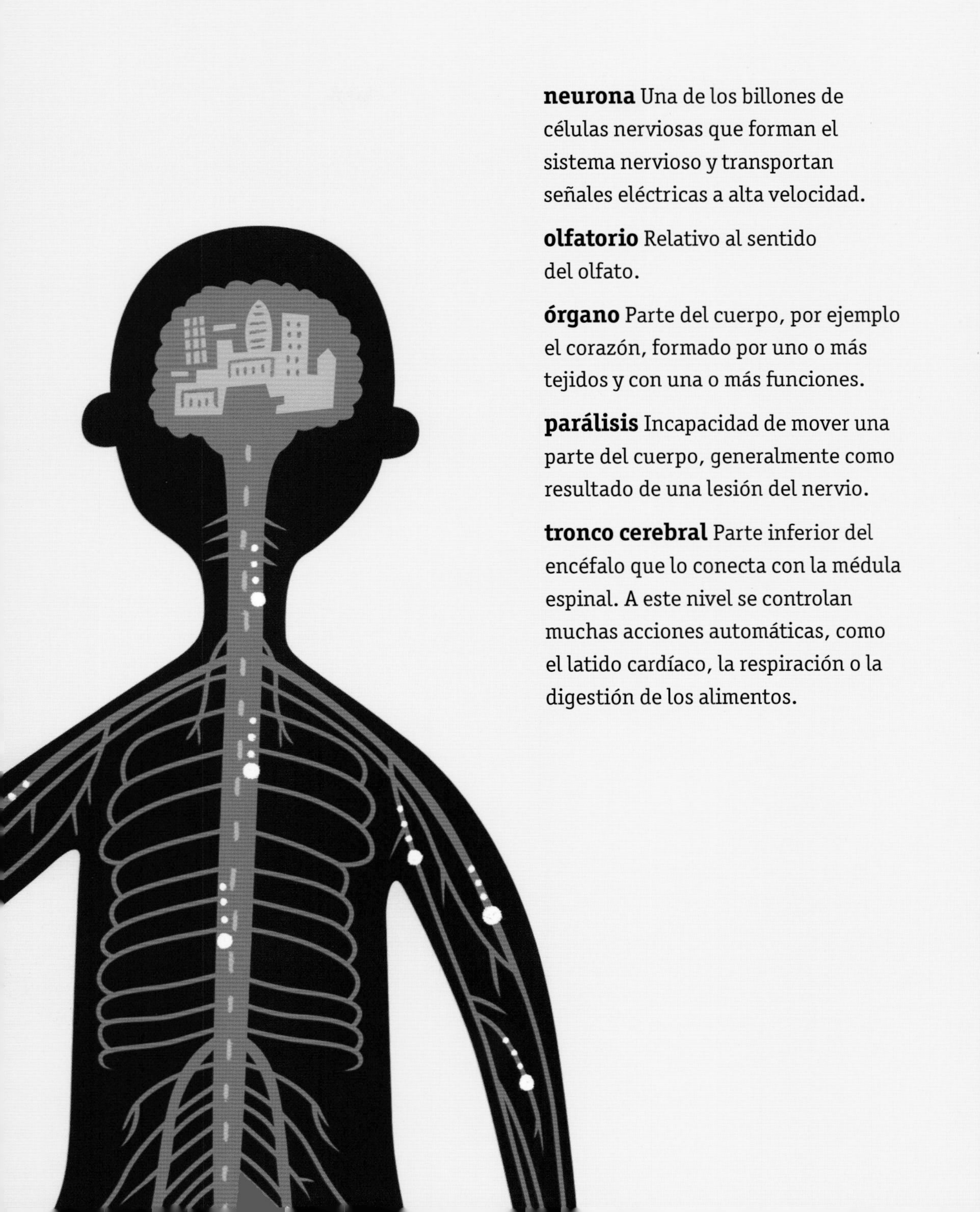

neurona Una de los billones de células nerviosas que forman el sistema nervioso y transportan señales eléctricas a alta velocidad.

olfatorio Relativo al sentido del olfato.

órgano Parte del cuerpo, por ejemplo el corazón, formado por uno o más tejidos y con una o más funciones.

parálisis Incapacidad de mover una parte del cuerpo, generalmente como resultado de una lesión del nervio.

tronco cerebral Parte inferior del encéfalo que lo conecta con la médula espinal. A este nivel se controlan muchas acciones automáticas, como el latido cardíaco, la respiración o la digestión de los alimentos.

Cerebro

... en 30 segundos

El cerebro es el órgano más importante de todos. Es un ordenador viviente que controla nuestro organismo. Recoge las señales de los órganos de los sentidos para procesar todo lo que ocurre a nuestro alrededor y controla todos nuestros movimientos. Está al corriente de todo lo que hacen los órganos. El cerebro también es donde está tu mente –tu personalidad, ideas y emociones.

El cerebro humano tiene el aspecto de una enorme nuez blanda, húmeda y arrugada de color gris rosáceo. La parte exterior del cerebro corresponde a la corteza cerebral, donde tiene lugar el pensamiento y la comprensión. Si extendieras la corteza plana, tendría el tamaño de una funda de almohada, pero está dispuesta en múltiples pliegues y arrugas para que pueda caber dentro de tu cabeza.

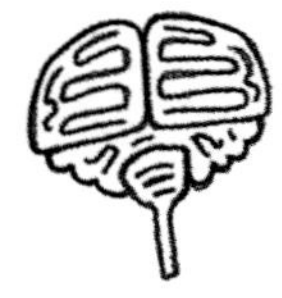

El cerebro está dividido en dos mitades. En su mayor parte están separadas la una de la otra, pero hay un haz de nervios que reciben el nombre de cuerpo calloso que las mantiene unidas. Por detrás del cerebro se encuentra el cerebelo, un «minicerebro» separado que controla el movimiento y el equilibrio.

En el centro del cerebro se halla el sistema límbico, un grupo de zonas cerebrales que gestionan la memoria, el miedo, la excitación y el sueño.

Resumen en 3 segundos

El cerebro es un órgano complejo que controla al resto del organismo.

Misión de 3 minutos
Comprueba cuál es tu lado dominante

La mayor parte de las personas tienen un lado dominante del cerebro que determina qué lado del cuerpo prefieren utilizar. Realiza estas actividades: ¿qué lado utilizas de forma automática?

- agarra unas tijeras
- lanza o recoge una pelota
- tócate la nariz
- mantén el equilibrio sobre una pierna
- bota una pelota

El cerebro tiene distintas partes que realizan diferentes funciones de tu día a día...

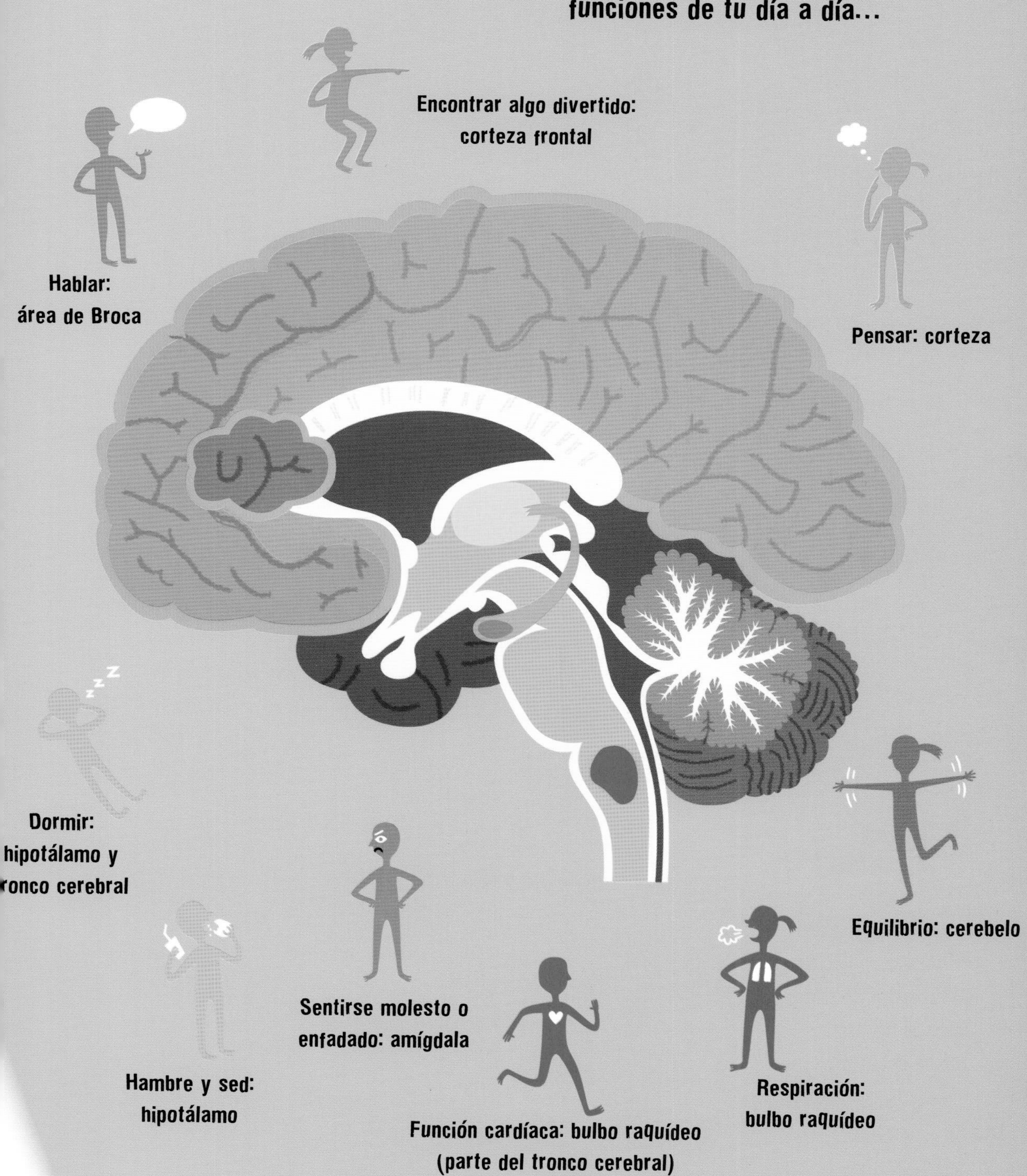

Pensamiento

... en 30 segundos

Pensar es una actividad asombrosa. Puedes imaginar un elefante montando en bicicleta y comiendo una tarta de cumpleaños, a pesar de no haberlo visto nunca. Puedes pensar en tus primeros recuerdos, en tu madre o en tus planes para las vacaciones. Puedes resolver un problema de matemáticas, crear una historia o recordar un sueño. ¿Cómo ocurre todo esto dentro de tu cerebro?

La principal parte pensante del cerebro, la corteza cerebral, está formada por millones de neuronas o células nerviosas. Cada neurona es como un árbol con un gran número de pequeñas ramas. Estas se extienden y conectan con otras neuronas. Las conexiones entre ellas se producen a través de una pequeña hendidura, sin llegar a tocarse.

Las neuronas se transmiten las señales de las unas a las otras a gran velocidad enviando sustancias químicas a través de esta hendidura. Las señales entran y salen constantemente en el cerebro a través de vías formadas por neuronas conectadas entre sí. Diferentes pensamientos, ideas y decisiones circulan por diversas vías en distintas zonas de la corteza cerebral. A medida que aprendes y recuerdas más información, se forman más ramas y más conexiones.

Resumen en 3 segundos

El pensamiento se produce cuando las señales viajan por las vías nerviosas hasta el cerebro.

Misión de 3 minutos Prueba de memoria

Necesitas: • 10 objetos pequeños • un trapo • bandeja o mesa pequeña

Pon los objetos en una bandeja o una mesa pequeña y dile a un amigo que los observe durante 30 segundos. Cúbrelos con el trapo y pide a tu amigo que escriba todos los objetos que sea capaz de recordar. Haz la prueba con amigos y familiares de diferentes edades y mira quién lo hace mejor.

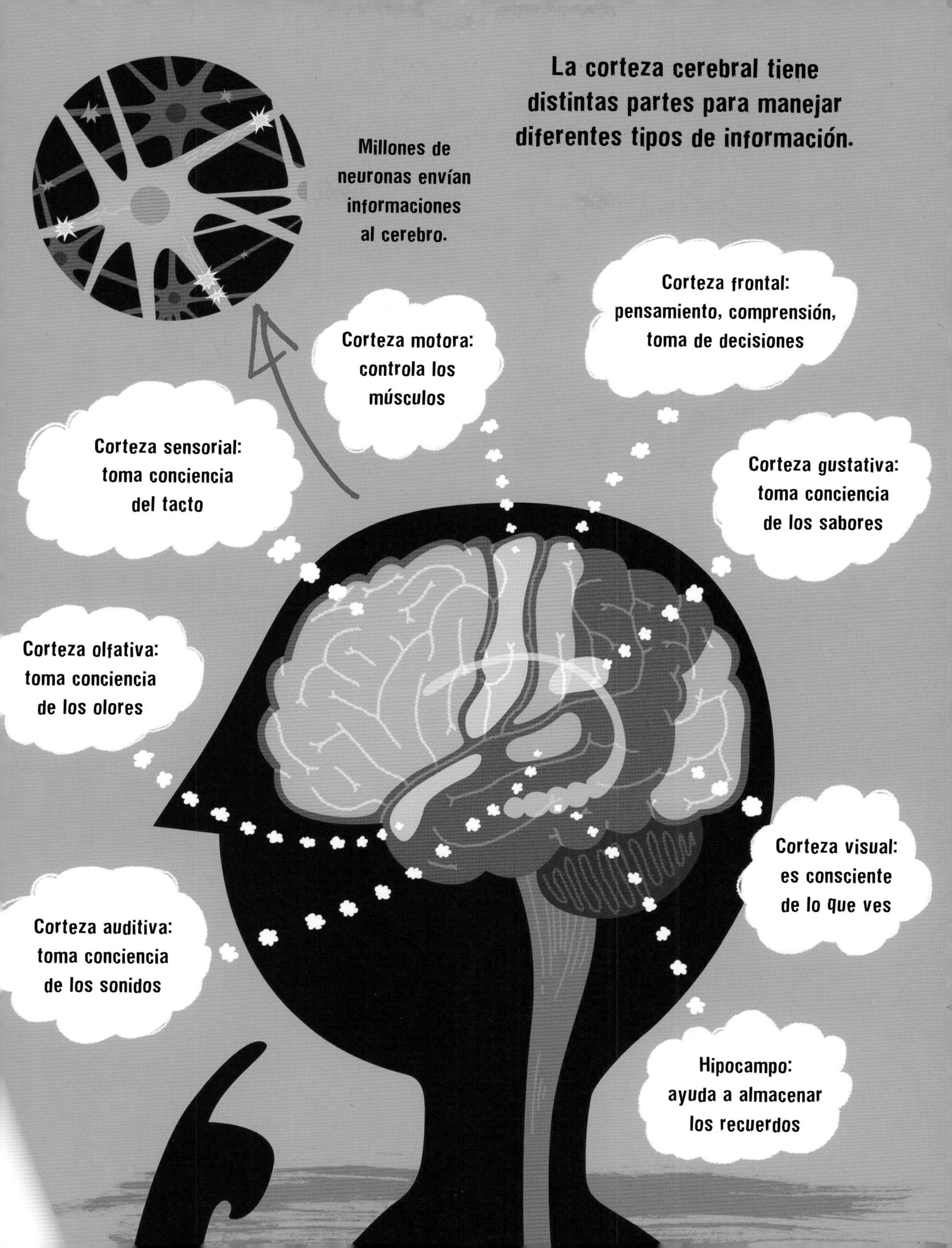
La corteza cerebral tiene distintas partes para manejar diferentes tipos de información.
Millones de neuronas envían informaciones al cerebro.
Corteza frontal: pensamiento, comprensión, toma de decisiones
Corteza motora: controla los músculos
Corteza sensorial: toma conciencia del tacto
Corteza gustativa: toma conciencia de los sabores
Corteza olfativa: toma conciencia de los olores
Corteza visual: es consciente de lo que ves
Corteza auditiva: toma conciencia de los sonidos
Hipocampo: ayuda a almacenar los recuerdos

Nervios

... en 30 segundos

Para poder realizar su trabajo, el cerebro debe estar conectado a cada una de las partes del cuerpo. El sistema que realiza esta función recibe el nombre de sistema nervioso. Este incluye el encéfalo y una gran red de nervios, formados por haces de neuronas que recorren todo el cuerpo.

La parte más baja del encéfalo, el tronco cerebral, está conectado con la médula espinal, una vía nerviosa mayor que desciende por tu espalda. Se encuentra protegida por los huesos de la columna vertebral.

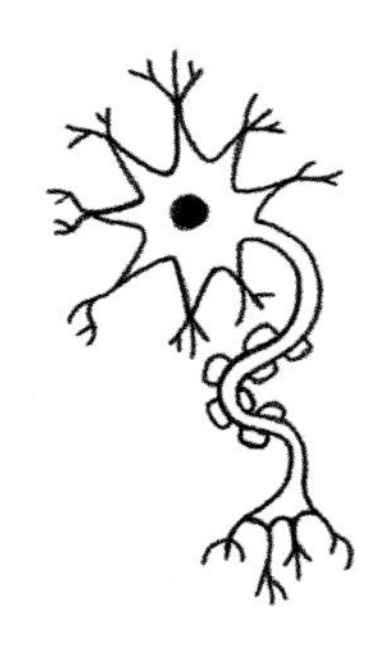

Los nervios salen de la médula espinal y bajan por tus brazos y piernas hasta los dedos de manos y pies. Otros nervios llegan a los órganos, la piel, los huesos y los músculos de todo el cuerpo. Algunos recogen las señales sensoriales y las transportan hasta el cerebro. Otros llevan señales desde el cerebro hasta los músculos y otras partes del cuerpo para que trabajen.

Las neuronas que alcanzan las zonas más alejadas del organismo son las células más largas del cuerpo. En una persona alta, una neurona que va desde la médula espinal hasta el dedo gordo del pie puede tener una longitud de más de 1 metro. No obstante, es tan delgada que es prácticamente invisible.

Resumen en 3 segundos

Una red de nervios conecta el cerebro con el resto del cuerpo.

Lesión de la médula espinal

Si se lesiona la médula espinal, por ejemplo, si te rompes la espalda o el cuello, puede interrumpirse la circulación de señales. Esta es la razón por la que después de un accidente puede producirse una parálisis por debajo del punto de rotura de la médula espinal, por ejemplo de cintura para abajo. No obstante, los científicos están desarrollando modos de reconectar los nervios lesionados de la médula espinal.

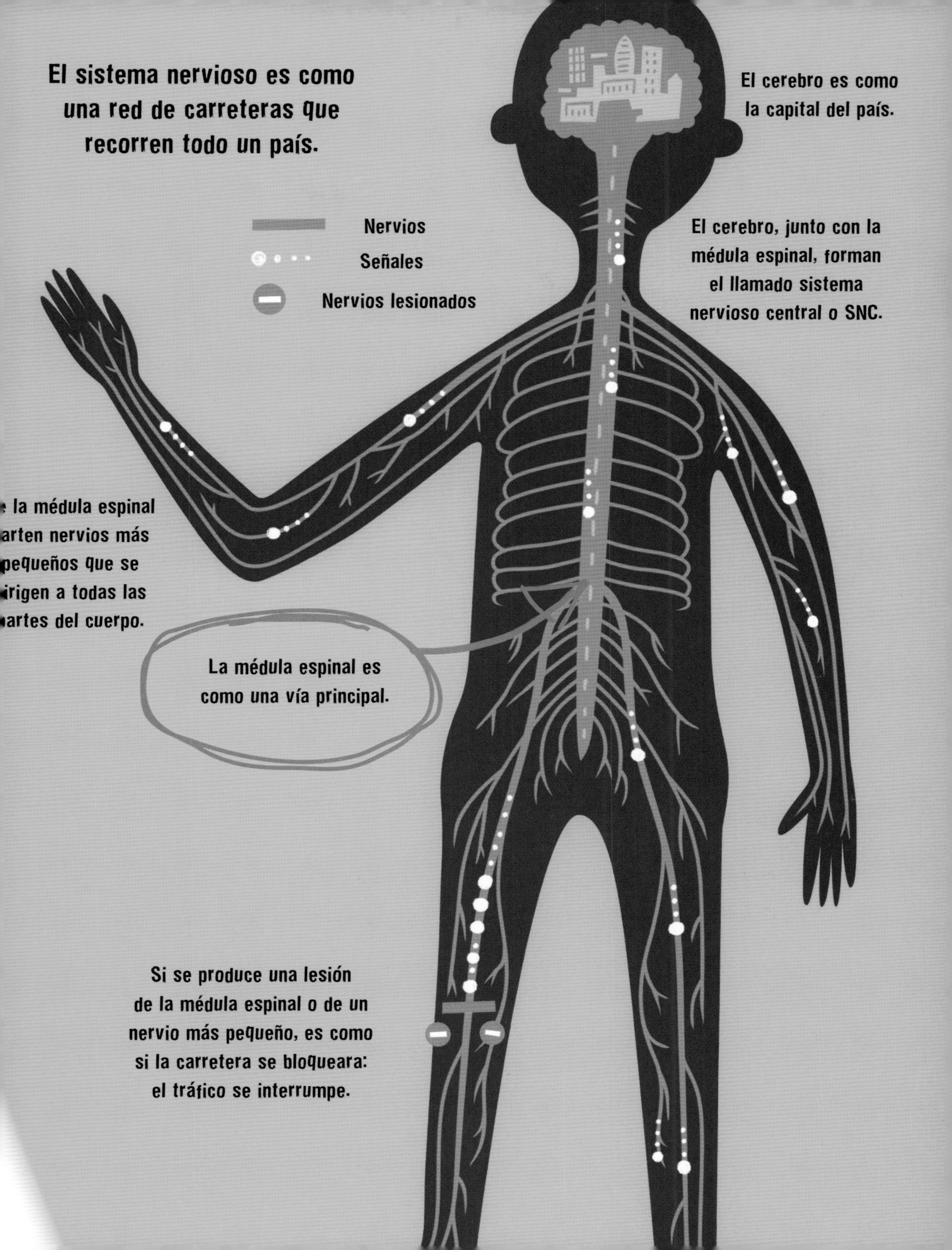

El sistema nervioso es como una red de carreteras que recorren todo un país.
El cerebro es como la capital del país.
Nervios
Señales
Nervios lesionados
El cerebro, junto con la médula espinal, forman el llamado sistema nervioso central o SNC.
la médula espinal
arten nervios más
pequeños que se
irigen a todas las
artes del cuerpo.
La médula espinal es como una vía principal.
Si se produce una lesión de la médula espinal o de un nervio más pequeño, es como si la carretera se bloqueara: el tráfico se interrumpe.

Emisión de señales

... en 30 segundos

Tu sistema nervioso maneja constantemente miles de señales. Los nervios recogen las señales de todos los sentidos al mismo tiempo y envían una corriente continua de señales al cerebro. Este las procesa, discerniendo lo que significa cada señal y decidiendo qué acción realizar. Al mismo tiempo, envía múltiples señales para controlar todas las partes del cuerpo.

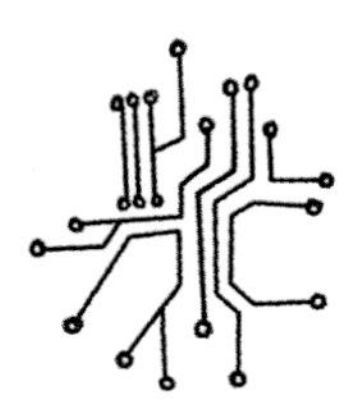

El cerebro es tan grande y complejo que es capaz de llevar a cabo todas estas funciones al mismo tiempo. De hecho, los expertos opinan que un cerebro humano estándar es capaz de realizar 100.000 millones de cálculos cada segundo.

Los mensajes y cálculos se producen a tal velocidad que no nos damos cuenta. Incluso estando de pie sin hacer nada, el cuerpo envía constantemente señales al cerebro en referencia a su posición y cualquier cosa que le afecte, como el viento o sostener un objeto pesado. Como respuesta, el cerebro siempre realiza pequeños ajustes en tus músculos para que sigan en pie.

Resumen en 3 segundos

Constantemente hay un flujo de señales entre el cuerpo y el cerebro.

Sinestesia

La sinestesia (sentir conjuntamente) es una alteración rara del cerebro que afecta al 2% de la población. Si la padeces, tus sensaciones se mezclan. Por ejemplo, los sonidos parece que tienen colores o los sabores parece que tienen forma. Para algunas personas sinestésicas, los números, las letras o los días de la semana pueden tener colores o incluso personalidad. La sinestesia puede estar causada por señales que no están conectadas correctamente entre partes del sistema nervioso.

Tu cerebro funciona como un circuito de ordenador que procesa información y envía señales.
Inicio
Entrada de ondas sonoras
Patrón de ondas sonoras
Señales que representan las ondas sonoras
Entrada de señales sonoras
Descodificación de las señales... significado: ¿quieres ir al cine?
Pensamiento: ¡genial! Di sí
Envío de señales motoras...
Señales para mover los músculos
Inicio del movimiento
¿Quieres ir al cine?
¡Vale!

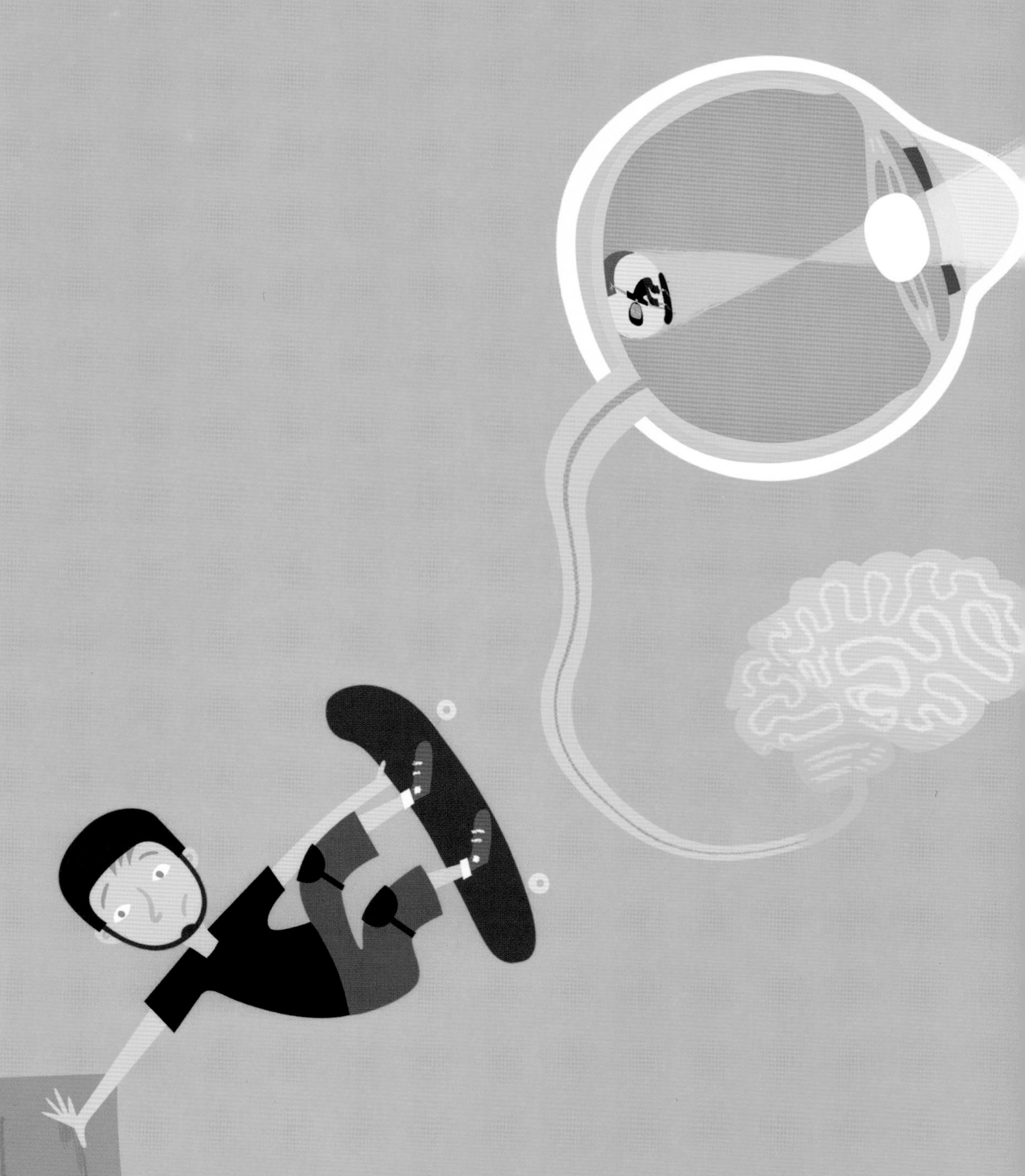

Sentidos

Imagina tu vida sin tus cinco sentidos: vista, oído, gusto, olfato y tacto. ¡Sería imposible! Tus sentidos te dicen lo que ocurre a tu alrededor y envían información al cerebro. Te mantienen en contacto con el mundo, de manera que puedes aprender y experimentar cosas y almacenar recuerdos a los que recurrir más adelante. Y cada día los utilizas para encontrar tu camino, detectar un peligro e interactuar con otras personas, objetos y tareas.

Sentidos
Glosario

canal semicircular Uno de los tres pequeños arcos situados encima de la **cóclea**. Están llenos de líquido y cuentan con miles de pequeños pelos que sienten el movimiento y te ayudan a mantener el equilibrio.

célula receptora Célula que detecta las cosas que tocas y envía la información al cerebro.

cóclea Pequeño tubo enrollado situado en el oído interno. La cóclea está llena de líquido, que se pone en movimiento, como si se tratase de una ola, cuando otras partes del cuerpo vibran.

cristalino Estructura incolora y clara, parecida a la gelatina, que focaliza los rayos de luz en la parte posterior del globo ocular.

molécula Dos o más átomos (partículas diminutas) unidos.

olfatorio Relativo al sentido del olfato.

osículo Uno de los tres huesos más diminutos y delicados del cuerpo, que contribuyen al avance del sonido en su camino hacia el oído interno.

papila Nombre que recibe una pequeña parte del cuerpo abombada o que sobresale. Las papilas de la lengua contienen los botones gustativos.

propriocepción Habilidad para sentir la posición, localización y movimiento del cuerpo y sus partes.

retina Porción de la parte posterior del ojo que transforma los rayos luminosos en señales que el cerebro es capaz de interpretar. La retina se sirve de células sensibles a la luz que reciben el nombre de conos y bastones.

vibración Ligero movimiento de agitación que provoca temblor o bamboleo.

Vista

... en 30 segundos

La vista es uno de los sentidos más útiles. Nos permite detectar lo que nos rodea en milésimas de segundo, al ver la luz que proviene de los objetos.

Cada globo ocular recoge los rayos de luz que provienen de los objetos. Los rayos pasan a través de la córnea, una ventana transparente situada en la parte anterior, y penetran en la pupila, el pequeño agujero negro del centro. Atraviesan el cristalino, una lente transparente y gelatinosa. El cristalino sirve para desviar y enfocar los rayos, de manera que formen una imagen nítida en la retina, una zona de células fotosensibles (sensibles a la luz) situada en la parte posterior del globo ocular.

Dado que la luz viaja en línea recta, al entrar en el ojo los rayos de luz se cruzan y acaban en la posición opuesta. De manera que la imagen que incide sobre la retina mira hacia abajo y da la espalda a la parte anterior del ojo.

Millones de células de la retina detectan los patrones de luz que llegan a la misma, enviando señales a través del nervio óptico hacia el cerebro. Este vuelve a girar la imagen a la posición correcta y toma conciencia de lo que estamos viendo.

Resumen en 3 segundos

Los ojos recogen la luz, registran los patrones y envían señales al cerebro.

Misión de 3 minutos Engaña a tu cerebro

En ocasiones el cerebro registra las cosas erróneamente. Compruébalo con esta sorprendente ilusión.

¿Estos tableros de mesa son de tamaño o forma diferente o son iguales?

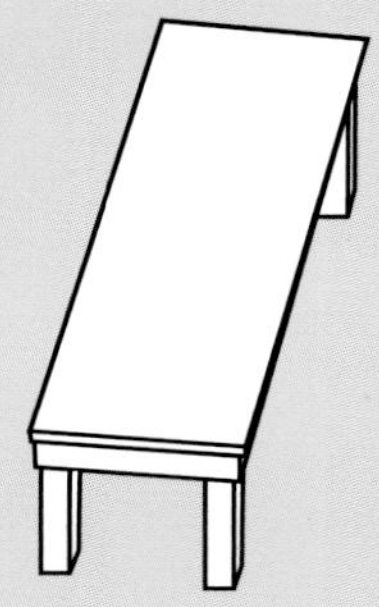

Solución en la página 96

Tus ojos te ayudan a que tomes conciencia de las cosas que ocurren a tu alrededor con mucha rapidez.

Esta es la visión que tienes delante de ti.

En el cristalino los rayos de luz se cruzan.

La imagen que incide en la retina está boca abajo.

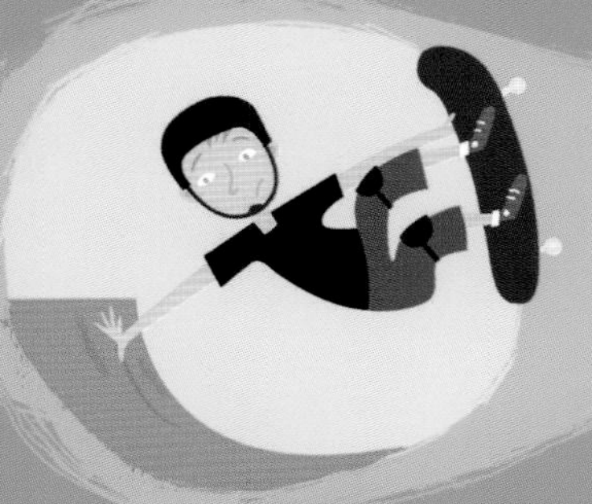

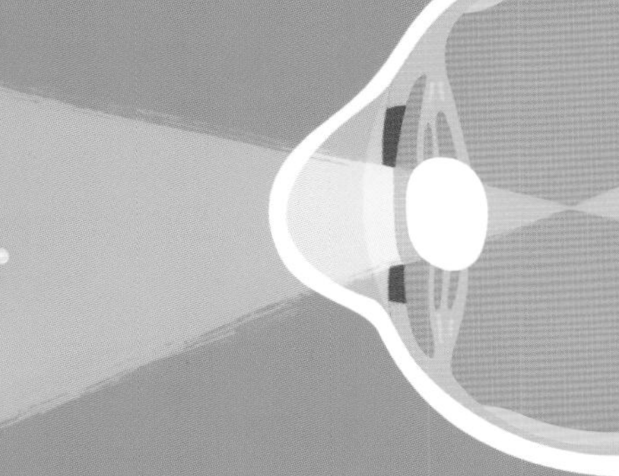

El cerebro toma conciencia de lo que ve.

El cerebro da la vuelta a la imagen boca abajo y la pone en la posición correcta.

Oído

... en 30 segundos

A ambos lados de la cabeza tienes dos apéndices retorcidos denominados orejas. ¡Pero hay mucho más que decir sobre ellos! En realidad están muy profundos dentro de tu cabeza.

La función de las orejas es recoger los sonidos que viajan en el aire. Estamos rodeados de sonidos. Objetos moviéndose y raspando, música sonando o gente hablando, todos ellos hacen vibrar las moléculas del aire. Estas vibraciones se transmiten por el aire. Si llegan a tus oídos ponen en marcha una reacción en cadena.

En primer lugar, tu pabellón auditivo (oreja) recoge las vibraciones y las dirige hacia el conducto auditivo. Cuando llegan al tímpano, una membrana muy tensa, hacen que vibre. Las vibraciones son transmitidas por los tres diminutos osículos del interior del oído a una cámara en forma de caracol y llena de líquido llamada cóclea. Esta contiene pequeños pelos que recogen las vibraciones y envían señales al cerebro.

El cerebro recibe un patrón de vibraciones variables que representa la variación de la velocidad e intensidad de las vibraciones sonoras. Al compararlas con sus recuerdos, trabaja lo que puedes oír, ya sea el sonido de una bocina, tu canción favorita o a un amigo gritando tu nombre.

Resumen en 3 segundos

Los oídos recogen los sonidos del aire y envían señales al cerebro.

Misión de 3 minutos Haz un tímpano

Necesitas: • film transparente • cuenco • arroz crudo o azúcar • tapadera • cuchara de madera

1 Estira bien el film transparente sobre el cuenco. Pon unos granos de arroz o un poco de azúcar sobre el film.

2 Haz un sonido fuerte cerca del film transparente, pero sin tocarlo, golpeando la tapadera con la cuchara de madera. El sonido debería hacer vibrar el «tímpano» de film transparente y tendrías que ver saltar el arroz o el azúcar. Así es como vibra el tímpano cuando los sonidos inciden sobre él.

¿Cómo llegan hasta tu cerebro las vibraciones sonoras del aire? Sigue los pasos para descubrirlo.

Los auriculares vibran para reproducir música.

La parte externa del oído recibe el nombre de pabellón auditivo u oreja.

Entrada de sonido.

Las vibraciones viajan por el interior del conducto auditivo.

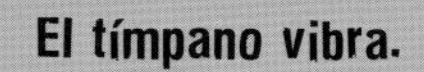

El tímpano vibra.

Las vibraciones pasan a través de los tres pequeños osículos.

El líquido de la cóclea mueve los pequeños pelos que sienten las vibraciones.

Las señales viajan a través de los nervios hasta el cerebro.

El cerebro compara los patrones de sonido con los recuerdos y encuentra «Mi canción favorita».

Olfato

... en 30 segundos

Si tu nariz funciona bien, eres capaz de detectar más de un trillón de olores distintos. Pero tu nariz es bastante pequeña, igual que la parte del cerebro que detecta los olores. Así pues, ¿cómo lo haces?

Los olores se deben a que pequeñas partículas son liberadas por muchas sustancias y flotan en el aire. Tanto si se trata de pan recién hecho, un café caliente, la colada limpia o un apestoso cubo de la basura, puedes olerlos porque pequeñas partículas de la sustancia en cuestión flotan literalmente hasta tu nariz.

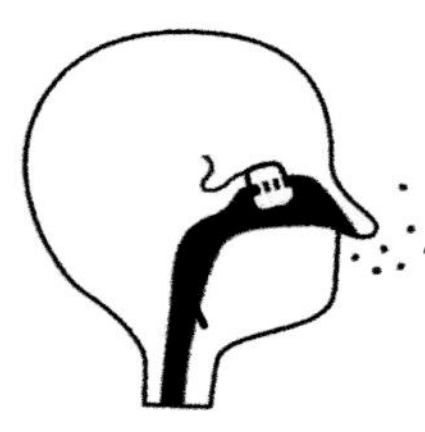

En el interior de tu nariz hay células especializadas en la detección de los olores. Tipos distintos de estas células pueden detectar diferentes clases de moléculas. Con frecuencia, un olor contiene una mezcla de sustancias, lo que activa distintos sensores del olor. Los detectores envían señales al cerebro, y este descifra de qué olor se trata, comparando la señal con la base de recuerdos olfativos.

Algunas cosas, como una moneda de oro, no huelen a nada. ¿Por qué? Porque algunas sustancias como el oro son muy estables. Esto significa que las moléculas no se desprenden fácilmente, de manera que no hay nada que llegue a tu nariz.

Resumen en 3 segundos

Los detectores del olor del interior de tu nariz detectan pequeñas partículas de las sustancias que te rodean.

Olores y sensaciones

Responde a estas preguntas:

- ¿Qué olor te recuerda a cuando eras pequeño?
- ¿Qué olor te recuerda unas vacaciones estupendas?
- ¿Cómo te hace sentir un olor realmente nauseabundo?

Tu sentido del olfato está muy unido a partes del cerebro que se ocupan de las emociones y los recuerdos. Este puede ser el motivo por el que los olores pueden traernos recuerdos de hace mucho tiempo o despertar emociones.

Tu sentido del olfato se activa cuando tu nariz inhala moléculas que flotan en el aire.

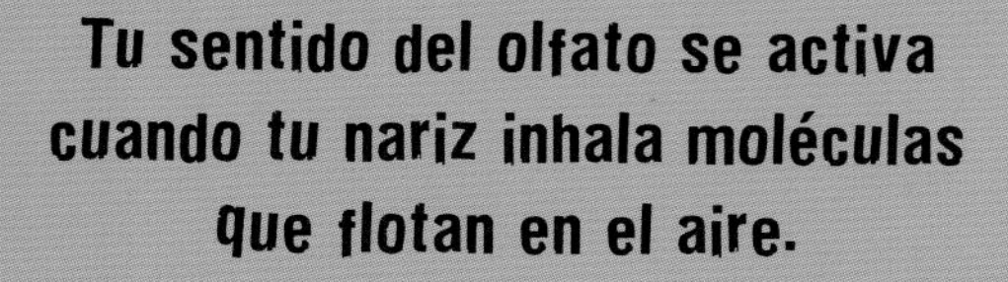

El epitelio olfatorio contiene las terminaciones nerviosas que detectan los olores.

Desde aquí, las señales viajan a otras partes del cerebro.

Está vinculado a la parte del cerebro denominada bulbo olfatorio.

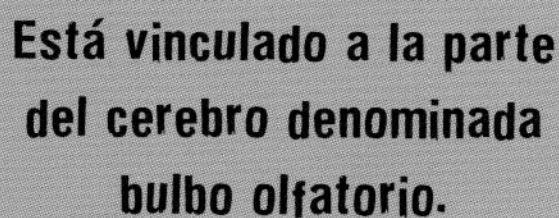

El cerebro descodifica las señales. ¡Mmmm, café recién hecho! ¡Aghh, un apestoso cubo de basura!

Gusto

... en 30 segundos

Una de las cosas que hace que la comida sea tan buena es nuestro sentido del gusto. Tu lengua detecta el sabor de las cosas gracias a unos órganos sensoriales llamados botones gustativos.

Saca la lengua y mírala en un espejo. Verás que presenta unos pequeños bultos en toda su superficie. Pero no se trata de los botones gustativos, sino de las papilas. Los botones gustativos propiamente dichos son mucho más pequeños y se encuentran en unas pequeñas depresiones que rodean las papilas.

Cuando masticas los alimentos, tu boca produce saliva, que permite que las diminutas partículas de la comida lleguen a las hendiduras que rodean las papilas y entren en contacto con los botones gustativos. Cada uno contiene alrededor de 50 células detectoras del gusto, capaces de sentir diferentes sabores básicos: salado, dulce, amargo, ácido y umami o sabroso. Envían señales al cerebro que procesan el significado de la combinación de señales e identifican el sabor.

Asimismo, tu sentido del olfato es muy importante para el sabor de los alimentos. El olor de la comida invade tu nariz y te proporciona mucha información sobre la misma. Este es el motivo por el que cuando estás muy resfriado y tienes la nariz tapada no puedes notar el sabor de las cosas.

Resumen en 3 segundos

¡El gusto se detecta tanto con la lengua como con la nariz!

Misión de 3 minutos Prueba de gusto

Necesitas: • un trozo pequeño de manzana • un trozo pequeño de col • un trozo pequeño de zanahoria • un antifaz

¿Cómo notas los sabores sin tu nariz? Tapa los ojos a algunos amigos o familiares y pídeles que se tapen la nariz. Entonces deja que prueben los tres tipos de alimentos. ¿Son capaces de saber qué es qué? Déjales que lo intenten de nuevo sin taparse la nariz.

Tenemos entre 2.000 y 10.000 botones gustativos que nos permiten distinguir entre lo dulce, lo ácido, lo salado, lo amargo y el umami de los alimentos.

Ácido

Dulce

Los botones gustativos de la lengua nos permiten distinguir entre los cinco sabores distintos.

Amargo

Salado

Umami

Hasta los 20 años se pierde alrededor de la mitad de los botones gustativos.

Con frecuencia, a las personas mayores les gusta la comida muy salada o muy dulce porque es más fácil identificar su sabor.

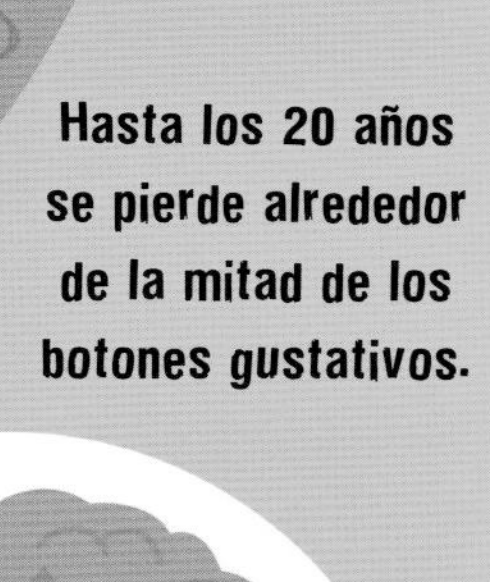

Tu nariz también te ayuda a distinguir los sabores al detectar el olor de los alimentos.

Tacto

... en 30 segundos

Mientras que la vista, el olfato, el oído y el gusto tienen lugar en tu cabeza, el sentido del tacto se localiza en todo tu cuerpo.

Bajo la superficie de la piel y en el interior de muchas partes y órganos del cuerpo existen millones de receptores del tacto, unidos a nervios que van hacia el cerebro. Cuando algo activa un receptor sensor del tacto, este envía una señal al cerebro sobre lo que puedes sentir.

Es posible que pienses que el tacto no es un sentido muy importante, pero en realidad es esencial. Nos ayuda a movernos por nuestro entorno, sostener objetos, teclear en un teclado y vestirnos. ¡Imagina no poder sentir tus pies sobre el suelo, una ducha o un abrazo! Pero lo más importante de todo es que el sentido del tacto nos avisa de los peligros. El dolor no es agradable pero es muy útil: te permite saber que te has cortado, que te has torcido el pie o que te estás quemando, de manera que puedas evitarlo o ponerle remedio.

Existen diversos tipos de receptores del tacto:

- Presión: detectan la presión, la vibración y las texturas.
- Dolor: informa al cerebro cuando algo lesiona la piel.
- Temperatura: detecta el calor, el frío y los cambios de temperatura.

Resumen en 3 segundos

Los receptores del tacto de tu cuerpo detectan la presión, el dolor, el calor y el frío.

Misión de 3 minutos Engaña a tu lengua

Pon un tenedor de pie y apoya la punta de la lengua sobre las púas. Muchas personas tienen la sensación de que el tenedor está doblado. Como ocurre con otros sentidos, el cerebro hace suposiciones sobre lo que eres capaz de sentir. Sabe que la lengua es redondeada en la punta. Si esta puede notar cuatro objetos, el cerebro decide que deben tener una forma curvada.

Tenemos distintos tipos de receptores del tacto por todo el cuerpo. Trabajan conjuntamente para ofrecer información sobre lo que puedes sentir.

Receptores de la presión ligera

Receptores del calor

Algunas zonas de tu cuerpo, como la yema de los dedos, los labios o la lengua, cuentan con una gran densidad de receptores del tacto y son muy sensibles.

Receptores del dolor

Receptores de presión fuerte

Otras partes, como el centro de la espalda, tienen muy pocos.

Receptores del frío

Receptores de la textura

¿Dónde estoy?

... en 30 segundos

Probablemente no pienses en ello, pero en cada momento tu cerebro es consciente de la posición de tu cuerpo en el espacio. Esto es así gracias a un tipo especial de sentido del tacto que recibe el nombre de propriocepción.

La propriocepción ayuda al cerebro a controlar tus movimientos. Es necesaria para todas las actividades cotidianas, como caminar o correr, agarrar una pelota o darse la vuelta en la cama. El cerebro solo es capaz de enviar instrucciones al cuerpo sobre qué hacer después porque sabe dónde está cada una de las partes del cuerpo.

La propriocepción emplea unos receptores situados en tus músculos y articulaciones. Estos envían constantemente señales al cerebro sobre la posición de todas las partes del cuerpo y la velocidad a la que se mueven.

Al mismo tiempo, una parte del oído que recibe el nombre de canales semicirculares, situados cerca de la cóclea, te ayuda a mantener el equilibrio. Los canales están llenos de un líquido espeso que se arremolina y se mueve cuando giras, te inclinas o te pones boca abajo.

Resumen en 3 segundos

La propriocepción y el equilibrio ayudan a tu cerebro a controlar los movimientos de tu cuerpo.

Misión de 3 minutos Pon a prueba tu cuerpo

Intenta esta prueba de equilibrio y propriocepción:

- Cierra los ojos y extiende los brazos a ambos lados del cuerpo. Intenta tocarte la punta de la nariz con el dedo índice de cada mano.
- Busca una línea en el suelo, como la separación entre las baldosas. Camina a lo largo de la misma poniendo un pie delante del otro. ¿A qué velocidad puedes caminar sin salirte de la línea?
- Levanta un pie del suelo y cierra los ojos. ¿Cuánto tiempo puedes mantener el equilibrio?

Siempre que te mueves, tu cerebro tiene que mantener el control para que no te caigas.

El cuerpo está boca abajo. Adecúa los movimientos a esa posición.

El sistema de detección de tus oídos te dice si estás perdiendo el equilibrio, de manera que puedas corregir tu posición.

ies estirados. No los dobles!

Equilibrio – izquierda – derecha – ¡aguanta un poco más!

Cálculo de los movimientos corporales. ¡Pasar por encima! ¡Alcanza la otra asa!

Girar sobre ti mismo puede marearte debido a que el líquido de los canales semicirculares sigue moviéndose durante un tiempo después de que te hayas detenido.

Tu sorprendente cuerpo

El cuerpo no solo se mantiene activo sino que también cambia. Se hace más y más grande a medida que creces desde que eres un bebé hasta que te haces adulto. Entonces está preparado para hacer algo todavía más sorprendente: reproducirse y hacer copias de sí mismo; en otras palabras, tener hijos. La manera en que el cuerpo humano crece y cambia y transmite sus cualidades a nuevos seres humanos viene definida por el ADN que se encuentra en el interior de nuestras células corporales.

Glosario

ADN Abreviatura de ácido desoxirribonucleico.

base Una de las cuatro sustancias químicas principales que forman el ADN. El ADN es el material del que están constituidos los **genes**. Forma cadenas largas y delgadas con una forma similar a la de una escalera de caracol.

célula Una de las diminutas unidades que forman un ser vivo. Algunos organismos, como las bacterias, están constituidos por una única célula, mientras que otros constan de muchos millones de células.

cromosoma Larga cadena de **ADN** en forma de hélice que se encuentra en el **núcleo** de la **célula**. Los cromosomas contienen los **genes**.

espermatozoide Célula reproductora o gameto masculino.

fertilización Unión de un gameto masculino (espermatozoide) y un gameto femenino (óvulo) para crear una nueva célula que puede crecer hasta convertirse en un bebé.

folículo piloso Pequeña parte de la superficie de la piel con forma de cáliz de la cual crece un pelo.

gen Sección de la cadena de **ADN** situado en el interior del **núcleo celular**, el cual contiene información que siguen las células.

músculo Parte del cuerpo con capacidad para contraerse para producir movimiento.

neurona Una de los millones de células nerviosas que forman el sistema nervioso y transportan señales eléctricas a alta velocidad.

núcleo Situado en el centro de la célula. Actúa como el cerebro de la célula y controla la forma en que esta funciona.

ovario Órgano reproductor femenino que produce y almacena los óvulos.

óvulo Célula reproductora o gameto de la hembra.

placa de crecimiento Zona de los huesos largos por donde crece el hueso.

saliva Líquido producido por unas glándulas de la boca para ayudarte a saborear y diluir los alimentos.

testículo Glándula con forma de huevo situada en el escroto (el saco que cuelga bajo el pene) que produce espermatozoides.

Reproducción

... en 30 segundos

Reproducción significa hacer copias, y todos los seres vivos son capaces de hacer copias de sí mismos. Para los animales, incluidos los seres humanos, significa tener bebés.

Es sorprendente pensar que nuestro cuerpo es realmente capaz de crear un ser vivo completo, nuevo y complejo. Cada uno de nosotros empezó como una célula del cuerpo de su madre y otra del cuerpo de su padre. Estas se unieron para crear una nueva célula que creció hasta formar un ser humano.

Las células especiales que dan lugar a bebés reciben el nombre de células reproductoras y son producidas en el sistema reproductor. El sistema reproductor del hombre y de la mujer son distintos.

El hombre produce espermatozoides en los testículos y la mujer tiene ovarios que producen óvulos. Cuando un óvulo se une a un espermatozoide, la nueva célula se desplaza hasta el útero, donde puede transformarse en un bebé. Para que un bebé crezca son precisos nueve meses en el interior del útero de la mujer embarazada antes de que nazca.

Resumen en 3 segundos

Para tener un bebé es necesario que se unan las células reproductoras masculina y femenina.

En el laboratorio

Las células reproductoras no necesariamente tienen que unirse dentro del cuerpo de una mujer –los científicos han descubierto que pueden recoger los óvulos y los espermatozoides y juntarlos en un recipiente–. Es lo que se conoce como fertilización in vitro. Seguidamente, la nueva célula puede implantarse en el útero de la mujer para que crezca. En ocasiones, los médicos utilizan este método para ayudar a las personas a tener hijos.

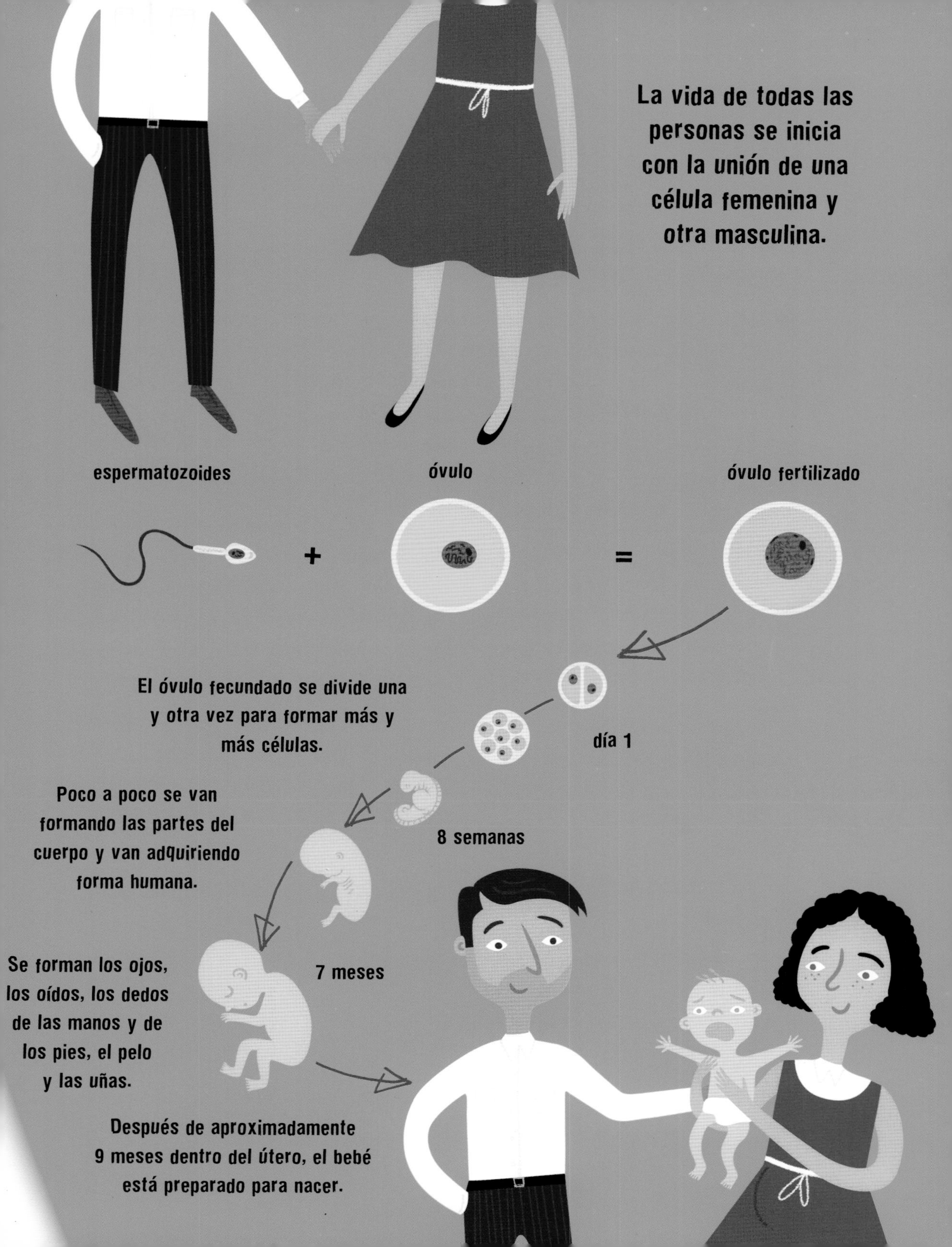

La vida de todas las personas se inicia con la unión de una célula femenina y otra masculina.

El óvulo fecundado se divide una y otra vez para formar más y más células.

Poco a poco se van formando las partes del cuerpo y van adquiriendo forma humana.

Se forman los ojos, los oídos, los dedos de las manos y de los pies, el pelo y las uñas.

Después de aproximadamente 9 meses dentro del útero, el bebé está preparado para nacer.

Crecimiento

... en 30 segundos

Naturalmente, una vez ha nacido, el crecimiento del bebé no se detiene. ¡Ese es solo el principio!

De entre todos los animales, el hombre es el que tarda más en llegar a la edad adulta. Los humanos son inteligentes, y muchas de las cosas que hacemos se basan en el aprendizaje. Se precisa mucho tiempo para aprender todo lo que necesitamos saber.

En el primer año, el bebé aprende a manejar toda la información que proviene de sus sentidos y cómo controlar su cuerpo. Alrededor de los 12 meses, el bebé empieza a aprender a andar y a hablar.

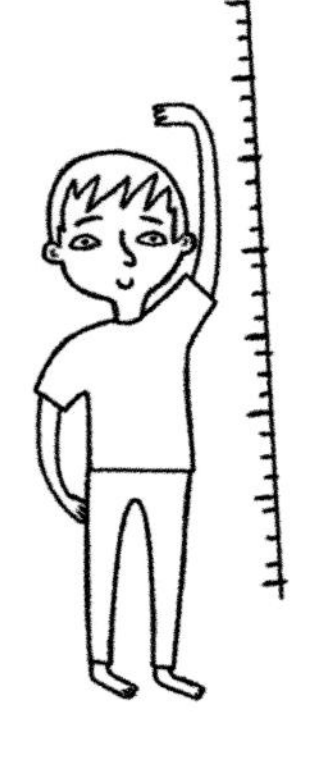

Los niños crecen a medida que sus huesos también lo hacen. Los huesos de los brazos cuentan con unas placas de crecimiento especiales donde se forma hueso nuevo. Otros huesos, como los del cráneo, crecen destruyendo el hueso antiguo y formando hueso nuevo. Alrededor de los cinco años empiezan a caerse los dientes de leche y son reemplazados por los dientes definitivos del adulto.

Desde aproximadamente los 11 hasta los 18 años, los humanos pasan por la adolescencia. Empiezan a desarrollar el cuerpo adulto. Cuando eres adolescente, tu cerebro también sufre cambios, y sus vías neuronales se hacen más fijas en los patrones adultos.

Resumen en 3 segundos

Los humanos necesitan alrededor de 20 años para convertirse en adultos.

Misión de 3 minutos Tiempo de crecimiento

Un humano tarda unos 20 años en alcanzar el tamaño adulto. Relaciona el animal con el tiempo que necesita para alcanzar la madurez:

Abeja	3 años
Delfín nariz de botella	5 años
Tortuga gigante	14 años
Águila dorada	25 años
Libélula	21 días

Soluciones en la página 96

Tu cuerpo cambia mucho a medida que creces y te haces más alto mientras tus huesos se van haciendo más largos.

En los huesos largos, como los de las piernas, el hueso crece a nivel de las placas de crecimiento, de manera que el hueso sea cada vez más largo.

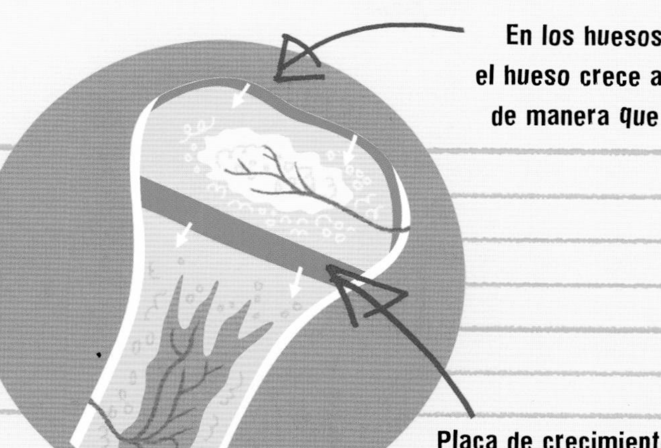

Placa de crecimiento del hueso

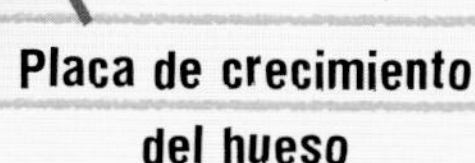

Edad: 15
Altura: 170 cm
Te acercas a tu altura de adulto. Tu cuerpo gana fuerza, además de altura.

Edad: 7
Altura: 130 cm
Tienes unas extremidades mucho más largas y la cabeza representa una proporción menor de tu altura.

Edad: 3
Altura: 104 cm
Estás cerca del 60 % de tu altura adulta.

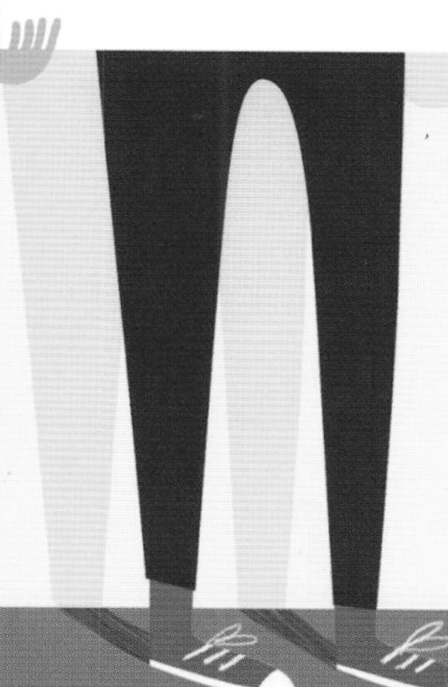

Envejecimiento

... en 30 segundos

Con frecuencia puede adivinarse aproximadamente la edad de una persona. Esto se debe a que nuestro cuerpo cambia a medida que envejecemos.

Esto ocurre porque nuestras células no son capaces de mantenerse vivas y reemplazarse eternamente. Poco a poco, algunas células empiezan a morir o dejan de trabajar. Por ejemplo, el pelo se vuelve gris a medida que perdemos las células de la raíz del cabello responsables del color del pelo. En ocasiones, el folículo piloso también deja de funcionar, lo que provoca que la persona se quede calva. Las articulaciones se desgastan y no trabajan tan bien, y los huesos y los músculos se hacen más finos.

Las arrugas aparecen porque a medida que las personas envejecen, las células de la piel crecen más lentamente. Esto provoca que la piel sea más fina y no sea capaz de reparar tan bien las lesiones. En los lugares donde tiene una mayor movilidad, como la cara, que utilizamos para hablar, comer y expresar emociones, la piel empieza a mostrar arrugas permanentes.

Por suerte, la tecnología nos permite solucionar algunos de los problemas del envejecimiento. Las gafas, los audífonos e incluso la cirugía del cristalino o la sustitución de la articulación de la cadera consiguen que muchas personas se mantengan activas, sanas y felices en la vejez.

Resumen en 3 segundos

Cuando se cumple años, algunas células mueren y causan el envejecimiento.

¡Cada vez más viejo!

Es probable que no te guste la idea de envejecer, pero cada vez vivimos más años. En todo el mundo, la esperanza de vida del hombre ha aumentado de los 40 años en 1900 hasta casi los 80 de hoy en día. Esto se debe básicamente a que comemos de manera más sana, tenemos mejores medicinas y casas más cálidas y seguras.

Las personas mayores pueden ayudar a los demás transmitiendo su experiencia y habilidades.
El ejercicio contribuye a mantener el cuerpo sano conforme envejecemos.
Con frecuencia, los abuelos ayudan a cuidar de los nietos.
Los puzles, los juegos y la lectura ayudan a mantener el buen funcionamiento de nuestro cerebro.
Hay muchas cosas que las personas pueden hacer para mantenerse sanas y en forma a medida que envejecen y su cuerpo empieza a decaer.

Genes y ADN

... en 30 segundos

Todos los seres vivos poseen genes que controlan el modo en el que las células funcionan, de manera que vigilan la manera en que viven y crecen. Pero ¿qué son los genes? Y ¿qué es el ADN?

Si pudieras echar un vistazo al interior de una célula típica del cuerpo humano, verías un núcleo, el centro de control de la célula. En el interior del núcleo hay 46 cadenas retorcidas que reciben el nombre de cromosomas. Los cromosomas están formados por una sustancia química llamada ADN que contiene una determinada secuencia de bases.

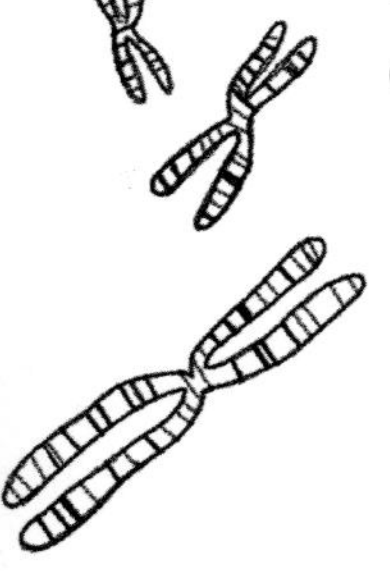

Las bases actúan como una especie de código que la célula es capaz de comprender y seguir como si se tratase de un manual de instrucciones. Cada gen dice a la célula cómo hacer algo que el cuerpo necesita, incluyendo nuevas células y partes del cuerpo, así como sustancias corporales como el pelo o la saliva.

La mayor parte de las células cuentan con un juego completo de cromosomas y genes, pero solo utilizan aquellos necesarios para su determinada función. Así pues, como las células del folículo piloso deben producir pelo, siguen los genes que contienen las instrucciones para producir pelo.

Resumen en 3 segundos

Los genes están constituidos por ADN y contienen instrucciones para las células.

¿Qué longitud tiene tu ADN?

- Si se desenrollaran y se extendieran los cromosomas de una célula tendrían una longitud aproximada de 2 metros.
- Tu cuerpo contiene alrededor de 100 trillones de células, y la mayoría cuenta con un juego completo de cromosomas.
- Si se extendiesen todos los cromosomas del cuerpo, alcanzarían los 200 BILLONES de km. ¡Esa es la distancia de ida y vuelta al sol 70 veces!

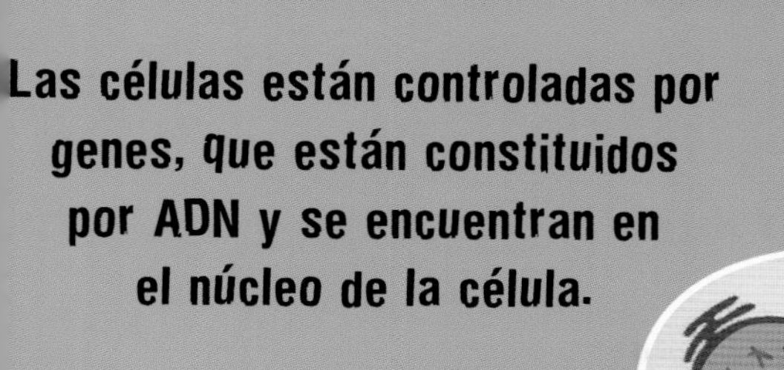

Las células están controladas por genes, que están constituidos por ADN y se encuentran en el núcleo de la célula.

Célula

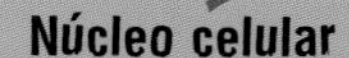

Núcleo celular

Tu ojo está formado por millones de células, incluidas unas que determinan el color de los ojos.

Cromosomas

Dentro del núcleo, hay 46 cromosomas. Estos son largas secciones de ADN, enrollados en marcha.

El ADN es una sustancia química que crea largas formas filamentosas.

El ADN es una cadena en forma de escalera con dos lados conectados entre sí por unas sustancias químicas conocidas como bases.

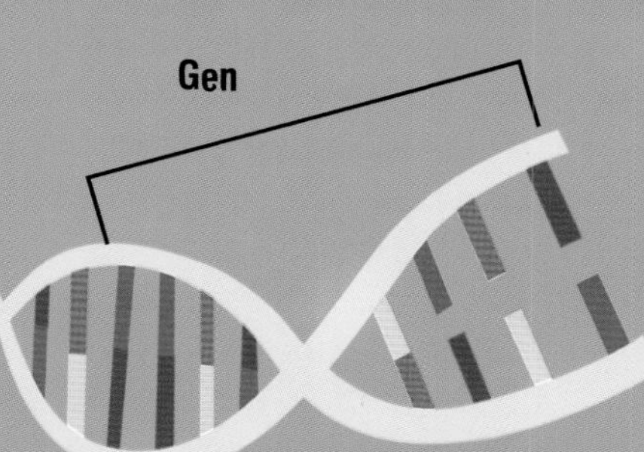

Un gen es una parte de la cadena de ADN formado por cierto número de bases. Este dice a la célula de qué color deben ser los ojos.

¿Qué hace que tú seas tú?

... en 30 segundos

Aunque en el planeta hay otros 7 billones de personas, no hay nadie exactamente igual que tú. Tú tienes tu propio aspecto, forma de caminar, gustos y aversiones. ¿Qué te hace ser como eres? En parte se debe a tus genes.

Cada especie de seres vivos tiene su propio genoma o juego de genes. Como eres humano dispones de un genoma humano. Este hace que te desarrolles con una forma, rasgos y habilidades humanos, como caminar y hablar.

Pero los genes de todas las personas son ligeramente diferentes. Esto se debe a que cuando un ser vivo produce una célula nueva, esta recibe su propia copia del genoma. El proceso de copia no siempre es perfecto, de manera que pueden producirse errores.

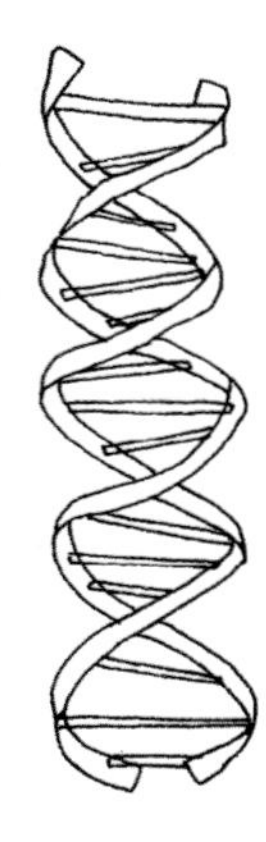

Por esta razón, las personas tienen el color del pelo, de los ojos y de la piel distinto, así como la altura y los rasgos faciales, cualidades que reciben el nombre de rasgos genéticos. Los padres transmiten a sus hijos una combinación de sus rasgos genéticos. Por este motivo, rasgos como el cabello pelirrojo pueden tener un carácter familiar.

Sin embargo, no son solo tus genes los que hacen que tú seas tú. Las cosas que experimentas y aprendes también son importantes; datos como la cantidad de alimentos que ingieres o la luz solar que recibes, o experiencias como tocar un instrumento.

Resumen en 3 segundos

Eres una mezcla de tus genes (innato) y experiencias (adquirido).

Gemelos idénticos

Los gemelos idénticos empiezan como una única célula que se divide en dos. Esto significa que parten exactamente del mismo ADN y son tan parecidos como dos personas pueden ser. Sin embargo, tienen su propia personalidad, y con el tiempo el ADN de sus células va cambiando gradualmente. Así pues, tienen huellas dactilares distintas porque el patrón se forma cuando los dedos tocan cosas dentro del útero. Así, aunque seáis gemelos idénticos, seguís siendo únicos.

Tu juego exclusivo de
enes te hace diferente
de todos los demás.
El ADN decide el color natural de tu pelo y si este es más o menos rizado.
Los gemelos idénticos tienen el mismo ADN, pero tienen su propia personalidad.
El pelo pelirrojo es un rasgo genético.
La forma en que te educan también afecta a la persona en la que te conviertes.
Los genes están constituidos de ADN, que tiene forma de doble hélice, parecida a una escalera de caracol.

Descubre más

LIBROS

A Day Trip Inside the Human Body by Claire Throp, Throp, Claire
Raintree, 2015

Body: An Amazing Tour of Human Anatomy, Winston, Robert
Dorling Kindersley, 2005

Can You Lick Your Own Elbow? And Other Questions About the Human Body,
Mason, Paul, **Raintree, 2014**

David, *The Way We Work,* Macaulay, **Walker, 2009**

First Encyclopedia of the Human Body (Usborne First Encyclopedias),
Chandler, Fiona; Hancock, David
Usborne Publishing Ltd, 2011

Human Body A Children's Encyclopedia DK Reference,
Dorling Kindersley, 2012

Let's Talk About Sex by Robie Harris
Walker Books Ltd, 2010

Look Inside: Your Body (Usborne Look Inside), Stowell, Louie
Usborne Publishing Ltd, 2012

Sangre, huesos y otros pedazos del cuerpo, Arnold, Nick
Barcelona, Editorial Molino, 1997

Slide and Discover: Human Body, Taylor, Barbara
Silver Dolphin, 2014

The Everything® KIDS' Human Body Book: All You Need to Know About Your Body Systems – From Head to Toe!, Amsel, Sheri
Adams Media Corporation, 2012

Ultimate Bodypedia: An Amazing Inside-Out Tour of the Human Body,
Daniels, Patricia; Wilson Christina; Schreiber, Anne
National Geographic Society, 2014

Your Body: Inside and Out: Bones and Muscles, Royston, Angela
Franklin Watts, 2015

DVD

Rock n Learn Human Body,
Quantum Leap Group, 2012. Disponible para todas las edades.

Inside the Human Body (BBC, 2011) PG. *Incredible Human Machine*, **National Geographic, 2010.** Disponible para todas las edades.

The Human Body, **BBC, 2012**, PG.

RECURSOS EN INTERNET

Easy Science for Kids: Human Body
http://easyscienceforkids.com/human-body/
Información sencilla sobre tus sentidos, sistemas corporales, cerebro, crecimiento y una alimentación sana.

How the Body Works
http://kidshealth.org/kid/htbw/#cat20183
Artículos sobre el cuerpo humano, así como cuestionarios, actividades y búsqueda de palabras.

Rader's Biology4Kids!
http://www.biology4kids.com/
Información sobre las células y los mircroorganismos y sobre cómo funcionan los sistemas corporales

The Human Body
http://www.kidskonnect.com/subjectindex/31-educational/ health/ 337-human-body.html
Hechos fascinantes del cuerpo humano y películas cortas.

The Body and Medicines
http://www.childrensuniversity.manchester.ac.uk/interactives/ science/ bodyandmedicine/
Sitio web interactivo sobre el cuerpo humano.

Human Body
http://science.nationalgeographic.com/science/health-and-human- body/ human-body/
Un sitio web interactivo sobre el cerebro, el corazón, los pulmones, la piel y el sistema digestivo.

Índice

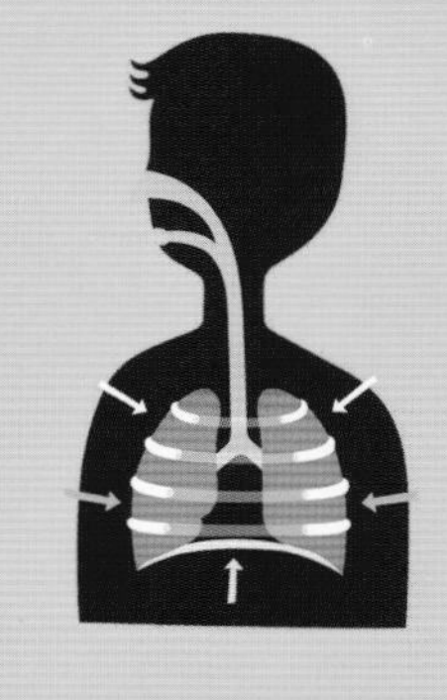

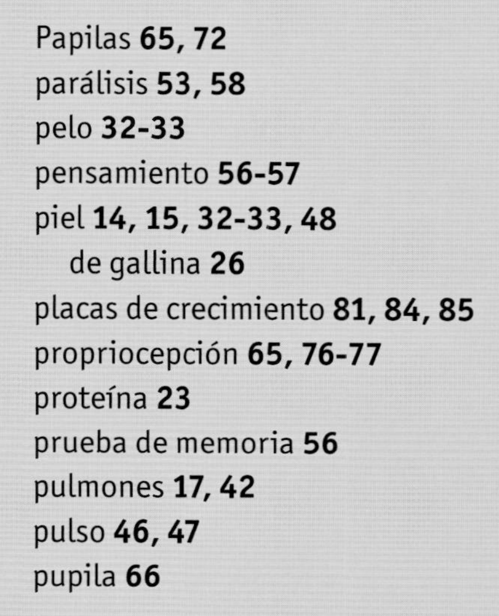
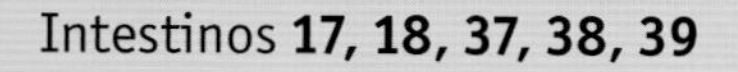

Soluciones

página 16: examen de órganos

Riñón: filtra los desechos de la sangre
Corazón: bombea la sangre
Esófago: transporta los alimentos desde la garganta hasta el estómago
Pulmón: extrae el oxígeno del aire
Ganglio linfático: atrapa los gérmenes
Laringe: hace que suene la voz

página 66: engaña a tu cerebro

¡Son iguales! Compruébalo midiéndolas con una regla.

página 84: tiempo de crecimiento

Abeja: 21 días
Delfín nariz de botella: 14 años
Tortuga gigante: 25 años
Águila dorada: 5 años
Libélula: 3 años